Eckart zur Nieden

Der Fiesling im Riesling

Eckart zur Nieden

Der Fiesling im Riesling

Biblische Balladen

Mit Illustrationen von Jörg Peter

BRUNNEN

VERLAG GIESSEN · BASEL

4. Auflage 2007

© 2004 Brunnen Verlag Gießen
www.brunnen-verlag.de
Lektorat: Eva-Maria Busch
Illustrationen: Jörg Peter (www.comiczeichner.de)
Umschlaggestaltung: Ralf Simon
Satz: Die Feder GmbH, Wetzlar
Druck: Ebner & Spiegel, Ulm
ISBN 978-3-7655-3767-7

Inhalt

Kain	7
Noah	12
Abraham	17
Hagar	22
Jakob	27
Josef	32
Mirjam	37
Pharao	42
Mose	47
Aaron	52
Bileam	56
Rahab	61
Josua	65
Kaleb	69
Gideon	73
Pura	77
Simson	82
David	87
Saul	91

Salomo	95
Elia	100
Ahab	105
Naaman	109
Hiskia	114
Jeremia	118
Schadrach	123
Nebukadnezar	127
Belsazar	132
Daniel	136
Jona	141

Kain

Ich frage dich, den Mörder Kain:
Sag ehrlich, musste das denn sein?

Hast du nichts Besseres gewusst,
um Neid und Ärger, Hass und Frust

zu überwinden und zu tragen,
als deinen Bruder tot zu schlagen?

Unnötig wohl, dass ich das sage!
Gott selber stellte dir die Frage,

warum das Böse immer kauert
vor deiner Herzenstür und lauert.

Und du? Statt der Erwiderung,
statt freundlicher Verbrüderung,

hast du dem Bösen nachgegeben
und nahmst dem Bruder so das Leben.

Hast du schon nicht auf Gottes Mahnung
gehört, als hätt'st du keine Ahnung,

und seine Frage ignoriert –
klar, dass das nun auch mir passiert.

Vielleicht, wenn Gott so zu dir spricht,
weißt du die Antwort selber nicht.

Du warst ja neu auf dieser Welt,
so dass, vor ein Problem gestellt,

es nicht die Chance gab, zu fragen
und gar in Büchern nachzuschlagen.

So will ich's gerne dir erklären
und über alles dich belehren,

was in Jahrtausenden gereift
und sich an Wissen angehäuft.

Du warst der Eltern erstes Kind.
Nachdem sie nun vertrieben sind

von Gott aus seinem Paradies –
was Schweiß und Tränen nur verhieß –

da kamst du grad zur rechten Zeit.
Sie hab'n in Not und Traurigkeit,

Verzweiflung und in dunklen Stunden
in ihrem Söhnchen Trost gefunden.

Stets standest du im Mittelpunkt.
Und wenn da einer zwischenfunkt,

wie's dann mit Bruder Abel ging –
na klar, da wehrt sich so ein King.

So war dann Abel, dieser Gute,
gehasst und unter deiner Knute.

Den ersten Platz, den nimmt dir keiner!
Leicht war's, denn Abel war ja kleiner.

Doch eines Tags, zu deinem Schrecken,
beim Opfer, musstest du entdecken:

„Gott sieht ganz anders auf die Dinge!
Dass ich dem Herrn ein Opfer bringe,

das gilt vor ihm, als wär' es keins!
Wieso? Ich bin die Nummer Eins!

Und dieses Opfer von dem Kleinen
wird angenommen, will mir scheinen!

Weil er ein Schaf nahm von der Weide,
und ich als Bauer nur Getreide?

Sein Opfer ist für Gott mehr wert!
Warum? Das find' ich unerhört!

Ich bin der Wichtigste, der Nabel
der Welt, und nicht mein Bruder Abel!"

So hast du leis für dich gesprochen.
In dir begann die Wut zu kochen.

Sie kochte heißer, immer mehr,
du schenktest Gott auch kein Gehör,

du warst voll Zorn, du sahst nur rot –
„Ha, Kleiner, wart! Ich schlag' dich tot!"

Wie sagte doch schon Friedrich Schiller?
„Die Axt im Haus erspart den Killer."

Bei Mördern zeigte sich auch später:
Die meisten sind Beziehungstäter.

Als Abel dann nach deinem Schlag
so regungslos am Boden lag,

da sprang dich das Entsetzen an:
„O Gott – was habe ich getan!"

Die Sache lief dir aus dem Ruder.
Da fragte Gott: „Wo ist dein Bruder?"

Das klang, als würde er's nicht wissen.
Dabei lag Abel dir zu Füßen!

Gott fragte, wie er immer fragt
und wartet, dass ein Sünder wagt,

vor dem Allmächt'gen sich zu beugen
und Reue für die Schuld zu zeigen.

Du sahst die Schuld nicht wirklich ein.
„Soll ich des Bruders Hüter sein?"

Der Mensch kann wohl sich selbst belügen.
Gott aber lässt sich nicht betrügen,

nicht ignorieren, nicht bestechen –
die Strafe folgt auf das Verbrechen.

Und alle, die noch nach dir kommen,
sind nun auch mit hineingenommen:

Wem Gott auf Erden ist nicht wichtig,
der bleibt unstetig nur und flüchtig.

1. Mose 4

Noah

Du, Noah, bist für ganz Europa
so eine Art Ur-Ur-Großopa.

Viel mehr: Es tragen auch noch jene
Millionen Menschen deine Gene,

die irgendwo in fernen Welten
auf Erden hausen oder zelten.

So steht es nämlich in der Schrift.
Das ist mir recht – was mich betrifft.

Ich bin ganz stolz, seit ich das weiß.
Im weiteren Familienkreis

wünscht' ich mir nämlich immer sehr
mal einen Schiffsbauingenieur.

Gott sah von oben auf die Welt,
sah manches, was ihm nicht gefällt,

beschloss, durch eine große Flut
zu tilgen alles, was nicht gut.

Als einz'ger frommer Mensch auf Erden,
da solltest du gerettet werden,

um so, da alles schief gegangen,
noch mal von vorne anzufangen.

Gott sprach: „Du musst mir jetzt vertrauen!
Beginne gleich ein Schiff zu bauen.

Hier, fern vom Meer, auf trocknem Land,
wo's nichts als Erde gibt und Sand."

Sonst sagte Gott ja nicht sehr viel.
Nur: „Lege diesen Kahn auf Kiel

von etwa hundert Metern Länge,
voll Kammern innen, voller Gänge.

Nimm Tannenholz, das lässt sich besser
bearbeiten mit Axt und Messer.

Und dann versuch's in zwei, drei Schichten
von Teer genügend abzudichten.

Dreimal im ganzen Schiff ein Deck.
Du brauchst viel Platz! Das hat den Zweck:

Du musst die, die mit dir verwandt,
und Werkzeug, Wasser, Proviant,

und neben vielen andern Dingen
auch noch die Tiere unterbringen.

Von jeder Art, die ich geschaffen,
von Würmern bis zu den Giraffen,

vom Elefanten bis zur Maus,
Libelle, Löwe, Luchs und Laus,

von Molchen wie von Krokodilen,
von Spinnen – kurz: Von all den vielen

Landtieren, die es gibt auf Erden,
soll je ein Paar gerettet werden.

Damit zu ihres Schöpfers Ehren
sie nachher wieder sich vermehren."

Da, Noah – denk' ich immer wieder –
fuhr dir der Schreck in alle Glieder.

Wie solltest du das konstruieren,
die Festigkeit nicht zu verlieren?

Der Wasserdruck war ja enorm!
Was war da wohl die beste Form,

dass alles hält und wenig leckt?
Kurzum: Das riesige Projekt

war voller höchster Problematik,
und du – null Ahnung von der Statik!

Das Unternehmen war gefährlich!
Doch, ich bewundre dich, ganz ehrlich!

Am meisten aber dein Vertrauen,
dies Schiff auf trocknem Land zu bauen.

Was Gott gesagt, war nicht nur peinlich,
es klang auch ziemlich unwahrscheinlich.

Ihr packtet's an. Ihr habt's gewagt
im Glauben, weil es Gott gesagt.

Da wurde Glaube auch zur Tat.
Und nach der Katastrophe hat

das Ende euch auch Recht gegeben:
Die Welt war tot – ihr wart am Leben.

Du glaubtest, trotz der Leute Spott.
Die fragten nämlich nicht nach Gott.

Der musste ihnen das verübeln.
Er ließ es regnen wie aus Kübeln.

Es goss vom Himmel vierzig Tage,
und auch von unten kam die Plage.

Welch ungeheure Wassermassen!
Die Flüsse konnten sie nicht fassen.

Die Welt versank mit Ach und Wehe.
Das Schiff jedoch hob's in die Höhe,

bis es die Flut getrieben hat
hin zum Gebirge Ararat,

um es hoch oben aufzubocken.
Die Erde wurde wieder trocken.

Und da verließ der Patriarche
mit Mensch und Tier die große Arche.

Das merke ich mir zur Vertiefung:
Ich wünsche mir nicht solche Prüfung.

Doch ein Vertrauen wie bei dir,
das, lieber Noah, wünsch' ich mir.

1. Mose 6–9

Abraham

Du Glaubensvater Abraham,
der ferne aus Chaldäa kam,

der seine Heimat nur verließ,
weil Gott ein neues Land ihm wies –

wie war dein Leben durch Begegnung
mit Gott so reich und voller Segnung!

Das Reisen war in deiner Zeit
nicht grade voll Bequemlichkeit.

Und ohne Schutz war's sowieso –
ein ziemlich großes Risiko.

Auch gab es keine Straßenkarten.
Noch nicht mal Straßen. Und es harrten

– wohin ihr gingt und seid geritten –
nur Fremde, Feinde und Banditen.

Und trotzdem bist – wenn auch mit Bangen –
auf Gottes Wort du losgegangen.

Gemäß dem Motto, das stets gilt:
Treu will ich tun, was Gott befiehlt.

So seh ich dich mit Umhang, Stecken
und Beutel durch die Wüste trecken.

Vor dir die heiße, trockne Weite,
die schöne Sara an der Seite.

Und an der andern Seite schreitet
dein Neffe Lot, der dich begleitet.

Dahinter finden deine Herden
kaum Gras genug, um satt zu werden,

drum bleiben Schafe oder Ziegen
oft vor Ermattung einfach liegen.

Doch fern, noch hinter'm Horizont –
du weißt noch nicht, wer jetzt da wohnt –

da liegt das Land, das Gott verhieß.
Du hoffst und glaubst, erwartest dies,

denn Gott hat dich noch nie belogen.
Und darum bist du losgezogen.

Nun, Abraham, ich muss gestehen:
Es macht mir Mut, dich so zu sehen,

wie du, nur wegen Gottes Wort,
gehorsam gehst von hier nach dort.

Weil Gott dir Zukunft hat versprochen,
hast du die Brücken abgebrochen,

die dich in deinen Heimatlanden
mit Freunden und Kultur verbanden.

Es macht mir Mut, in meinen Tagen
auch manchen Aufbruch neu zu wagen.

Das heißt nun aber wahrlich nicht,
dass dieses Ziel, das Gott verspricht,

nur Glück wär, Freud' und Wohlergeh'n,
ein Wandern nur auf sonn'gen Höhn.

Der Weg ist mühsam und beschwert,
wie deutlich uns dein Beispiel lehrt.

So etwa, als fünf Heere kamen,
den Neffen Lot gefangen nahmen.

Es hat mich immer schon verwundert,
wie deine Knechte, gut dreihundert,

und die drei Freunde, Amoniter,
wild wie ein nächtliches Gewitter

ins große Feindeslager brachen
und jeden, der nicht floh, erstachen.

Ein großer Sieg für wenig Leute!
Und du verzichtetest auf Beute.

Ein Beispiel, dass nicht nur gefährlich
der Weg des Glaubens, auch beschwerlich,

ist, dass der Sohn, der erben sollte,
derweil partout nicht kommen wollte.

Und als er schließlich angekommen,
wurd' er dir wieder weggenommen –

zumindest musstest du das denken.
Dahinter stand des Herren Lenken!

„Nimm deinen Sohn, der dir so teuer",
so sagte Gott, „nimm Holz und Feuer,

nimm einen Esel und zwei Knechte!
Geh nach Morija, weil ich möchte,

dass du ein Opfer bringst. Nun pack!
Geh hin und opfre Isaak!"

„Den Isaak? Auf dem Altar?
Das kann nicht sein! Das ist nicht wahr!

Gott lässt nicht Kind und Eltern leiden
wie der Gott Moloch bei den Heiden!"

Du konntest es dir nicht erklären.
Doch wenn Gott spricht, dann muss man hören.

So gingst du hin mit Angst und Bangen.
Gott aber wollt' es nicht verlangen –

er hielt im letzten Augenblick
dich von der Schreckenstat zurück.

Er wollt' nur deinen treuen, tiefen,
vertrauenden Gehorsam prüfen.

Du hast bestanden diesen Test.
Und ich? Ich halte dieses fest:

Wenn Gott mich sendet, will ich gehen.
Er wird schon dafür grade stehen.

1. Mose 12–25

Hagar

Ich hätt' dich, Hagar, gern gefragt:
Wie fühlt sich eine schlichte Magd

in der Funktion des Opferlammes,
dann Mutter eines ganzen Stammes,

so groß, dass man's nicht zählen kann?
Das alles ohne Ehemann!

Du dientest still von früh bis spät,
so unterwürfig wie's nur geht,

bescheiden und fast unsichtbar,
der Sara, die die Gattin war

von Abraham, dem Glaubenshelden –
denn Sklaven haben nichts zu melden.

Sie, die Hebräer, war'n Nomaden.
Nun zog sich wie ein roter Faden

der Wunsch bei Abraham durchs Leben,
Gott wolle einen Sohn ihm geben.

Gott hatte ihm das zugesagt.
Die Hoffnung war nun sehr gewagt,

denn für ein Kind war's reichlich spät,
seit Sara auf die achtzig geht.

Da sagte Sara sehr verdrossen:
„Der Herr hat meinen Leib verschlossen.

Du könntest, um das hinzubiegen,
durch Hagar noch ein Söhnchen kriegen.

Egal, wer dann die Eltern sind –
wir tun, als wär' es unser Kind.

Da machen wir nicht viel Theater –
Hauptsache ist, du bist der Vater."

Ihr Mann, in seinen alten Tagen,
der ließ sich das nicht zweimal sagen.

Was allerdings in Frage stellte,
ob Gottes Wort für ihn noch gelte.

Wir sehen, dass beim Glaubenshelden
sich doch ganz langsam Zweifel melden.

Du aber, Hagar, warst wohlauf.
Das ist nun mal der Dinge Lauf,

besonders unter den Nomaden:
Ein Kind im Leibe kann nicht schaden.

Besonders dann ist das sehr schön,
lässt froh dich in die Zukunft seh'n

und ruhig schlafen oder schnarchen,
ist dieses Kind vom Patriarchen.

Man klopfte damals nicht auf Holz,
doch warst du hoffnungsvoll – und stolz.

Der Stolz war falsch! Und auch sehr kindlich.
Und Sara – überaus empfindlich

durch Leidensdruck durch die Jahrzehnte,
wo sie ein eig'nes Kind ersehnte –,

sie, so erzählt es uns die Bibel,
sie reagierte sehr sensibel.

Dass unter ihr du leiden musst,
das macht dein Stolz und Saras Frust.

Und schließlich ist es ihr gelungen,
durch kleinliche Erniedrigungen,

durch Hass dich aus dem Zelt zu treiben.
Hier wolltest du nicht länger bleiben!

Nun warst du kopflos auf der Flucht.
Da hat ein Engel dich gesucht.

Er fand dich auf dem Weg nach Schur
und sprach: „Was, Hagar, machst du nur

allein an dieser Wasserquelle?
Geh heim zu Sara auf der Stelle!

Besieg den Stolz und sei bescheiden!
Du musst noch eine Zeitlang leiden.

Dann aber hast du was zu lachen:
Ich will zum großen Volk dich machen!"

Du warst gehorsam. Und recht schnell
gebarst du deinen Ismael.

Als er das Licht der Welt erblickt,
da musstet ihr nun den Konflikt,

Neid, Ärger, Wünsche und Begehren
behutsam unter'n Teppich kehren.

Dein Ismael – wie das so geht –
der kam schon in die Pubertät,

da kriegte Sara – neunzig schon! –
nun doch noch den versproch'nen Sohn.

Viel Zeit ist dir nicht mehr geblieben.
Du wurdest bald davongetrieben

mit nichts als Brot und Wasserschlauch.
Jedoch mit dem Versprechen auch,

das Gott dir seinerzeit gegeben:
Du und der Knabe, ihr sollt leben.

Fast wärt ihr noch vor Durst gestorben.
Doch die Erfahrung, einst erworben,

bestätigt' sich: Was auch geschieht –
„Gott ist ein Gott, der stets mich sieht."

Weil du's daheim im Zelt der Frommen
nicht überzeugend mitbekommen,

da überzeugt' Gott selber dich.
So überzeuge er auch mich!

1. Mose 16; 21

Jakob

Oh, Jakob, Mann voll Trug und List!
Weißt du, dass du ein Beispiel bist,

wie Gott zurechtbringt uns durch Gnade?
Was krumm wir machen, biegt er grade,

bringt mit Geduld ins Lot das Schiefe.
Deckt auf die niederen Motive,

prägt uns – mal hart und manchmal lind,
dass wir nicht bleiben, wie wir sind.

Auch dich musst' er zusammenstauchen –
dann aber konnt' er dich gebrauchen.

Dein Zwillingsbruder Esau kam
vom Jagen heim – im Herzen gram,

am Körper müd', im Kopf verdrossen.
Warum? Er hatte nichts geschossen.

Und draußen überm Feuer kochte
die Suppe, die er gerne mochte.

Der Duft von Linsen, Zwiebeln auch
und Hammelfleisch, Salz, Pfeffer, Lauch

und noch ein wenig Majoran,
der stieg ihm in sein Riechorgan.

Wie liebte Esau die Gerüche
aus deiner wohlbewährten Küche!

Ging auch das Wild ihm in die Binsen –
er war daheim, und es gab Linsen!

„Halt!", sprachst du, „das gehört nur mir!
Jedoch mit Freuden geb' ich's dir,

wenn du mir schwörst: Mit allen Rechten
soll ich vor Vater, Mutter, Knechten

und beim Besitz in unsern Zelten
nun als der Erstgebor'ne gelten."

So hast du Esau überrumpelt.
Er kam nur müde angehumpelt

und knurrte leise: „Meinetwegen!"
und aß, um sich dann hinzulegen.

Als dann dein Vater Isaak
erblindet auf dem Lager lag,

da dachte er, er müsse sterben.
Wer aber soll den Segen erben?

Er wollt sich keineswegs bequemen,
der Söhne Handel hinzunehmen.

„Was ich als Segen sprech, das gilt!
Drum, Esau, schieße mir ein Wild,

bereite mir ein Festmahl zu,
und dann – gesegnet wirst nur du!"

Da zogst du Esaus Kittel an,
der roch nach Erde, Schweiß und Mann,

und tatst dir listig Fell um deine
ganz unbehaarten Arm' und Beine.

„Ich, Esau, bin's, dein Filius!",
sprachst du und gabst ihm zum Genuss

ein Lämmchen, denn das schmeckt gewöhnlich,
wenn's gut gewürzt, dem Springbock ähnlich.

Und so geschah denn auch das Schlimme.
Zwar irritierte ihn die Stimme,

doch nach dem guten Abendessen
war seine Skepsis bald vergessen.

Nichts hinderte ihn mehr, den Segen
auf seinen zweiten Sohn zu legen.

Du hast den Vater frech belogen
und deinen Bruder auch betrogen!

Das wurde dir erst richtig klar,
als dir's auch so ergangen war.

Denn du bist selbst betrogen worden
von Onkel Laban, weit im Norden.

Er nutzte, weil du viel geschafft,
ganz schamlos deine Arbeitskraft.

Und deine Liebe: Er schob munter
dir noch die falsche Tochter unter.

Da hast du langsam erst begriffen:
Hier hat mich Gott zurückgepfiffen!

Nur weg von Laban, diesem Flegel!
Du flohst mit Frauen, Kind und Kegel.

Du wolltest ja nach Kanaan
und sprachst: „Ich hoffe, dass ich dann

nicht Esau in die Arme laufe!
Ich käm' vom Regen in die Traufe!"

Gott, der nicht mit sich spotten lässt,
gab dir dann schließlich noch den Rest,

als er dir nachts entgegenkam:
Er schlug dich an der Hüfte lahm.

Damit dir's ins Bewusstsein sinke:
Wenn ich nach Kanaan jetzt hinke,

voll Angst, von eigner Kraft verlassen,
kann ich doch Gottes Hand erfassen.

Und er fasst mich. Als „Gottesstreiter",
als Israel, zieh ich nun weiter.

Da seh' auch ich, dass Hinterlist
bei Gott nicht akzeptabel ist.

Den Segen zwingen durch Betrug?
Gott schenkt ihn uns. Das ist genug.

1. Mose 27–35

Josef

Du, Kanzler Josef, machst mich froh,
als rechte Hand des Pharao,

der grad noch saß in großer Not
im Knast bei Wasser und bei Brot.

Du machst mich froh, weil ich hier sehe:
Gott hat bei allem Wohl und Wehe,

das je uns widerfahren kann,
ganz sicher einen guten Plan.

Als Knabe hast du immer wieder
geärgert deineält'ren Brüder.

Voll Neid, wie Brüder manchmal sind –
denn du warst Vaters Lieblingskind –

sie warfen dich in die Zisterne.
Ne Karawane aus der Ferne,

die grade ihres Weges kam,
dich mit ins Land Ägypten nahm.

Du kamst wahrscheinlich nie zurücke –
sie kriegten zwanzig Silberstücke.

Dort in der Sklaverei am Nil,
da galtest du zunächst nicht viel.

Doch im Palast des Potifar,
der Pharaos Minister war,

da stiegst du auf zum Hausverwalter
ein toller Job – in deinem Alter!

Denn du warst fleißig und geschickt,
und was du machtest, ist geglückt.

Wie's oft so geht bei den Soldaten,
Politikern und Diplomaten,

so war's auch hier: Die Pflicht, die rief.
Zu Hause hing der Segen schief.

Er machte Politik, und seine
Gemahlin saß zu Haus alleine.

Ihr Blick fiel wieder, wie schon oft –
für dich dagegen unverhofft –

auf den sympathischen Hebräer.
Und sie kam langsam immer näher

und machte zärtliche Avancen.
Sie zeigte deutlich: Du hast Chancen,

erdreistete sich, nicht zu geizen
mit ihren femininen Reizen.

Du sprachst: „Oh nein, Frau Potifar!
Wie könnt ich mich so undankbar

vor meinem guten Herren zeigen!
Vom Herrn im Himmel ganz zu schweigen!"

Doch als sie dich am Umhang zerrte,
der fromme Sklave sich noch sperrte,

da ließ ihr dieser das Gewand,
floh aus dem Zimmer und entschwand.

Fromm war das, Josef, und sympathisch,
doch leider nicht sehr diplomatisch.

Grad' hatte sie dich noch begehrt –
doch als du sie nun nicht erhört,

da änderte sofort sich das
in arg verletzten Stolz und Hass.

Die Dame kreischte wie am Spieß
und drehte diesen um: sie ließ

die Knechte eilen, dich zu fangen,
und sprach, von dir sei's ausgegangen.

Und kurz darauf – welch ein Verhängnis! –
kamst du ins große Staatsgefängnis.

Ja, manchmal könnte man wohl meinen,
dass Gott im Himmel all die Seinen

nicht mehr so recht im Blick behält
bei allem Unrecht dieser Welt.

Dass dies nicht stimmt, woll'n wir noch sehen.
Zwar will ich gerne zugestehen,

dass man es manchmal lang nicht sieht,
dass nichts ohn' Gottes Plan geschieht.

Hier allerdings zeigt es sich klar:
Wer glaubt, den führt Gott wunderbar!

Deshalb erfreut mich dein Erlebnis
mit diesem herrlichen Ergebnis:

Im Knast, in diesen dunklen Zeiten,
zeigt' sich: Du konntest Träume deuten.

Das sprach sich rum. Du klärtest so
auch einen Traum des Pharao.

Es kämen sieben wunderbare,
gesegnete und fette Jahre,

danach noch mal die gleiche Zeit
mit Hunger, Dürre, Trockenheit.

Die reinste Umweltkatastrophe!
„Was ist zu tun?", sprach man bei Hofe.

Du sagtest: „Gute Vorratshaltung!
Nur eine Sache der Verwaltung,

der Planung und des Baus von Scheuern,
der Preise und der richt'gen Steuern."

Als alle nun „Wer kann das?" raunten
und deine Klugheit sehr bestaunten

und alle sparten nicht mit Lob,
sprach Pharao: „Mach du den Job!"

1. Mose 37–45

Mirjam

Es war wohl, Mirjam, später nie
wie in der Kindheit, noch ganz früh:

Du hast auf Mose Acht gegeben.
Wogegen dann im spätern Leben,

da war es Mose, der euch führte.
Er war des ganzen Volkes Hirte.

Es wird uns zwar ein Fall erzählt,
wo du in Frage das gestellt.

Du sprachst zu Mose, dem Propheten:
„Auch ich hab' Führungsqualitäten!"

Gott strafte für die Überhebung
mit Aussatz dich, bis die Vergebung,

die Mose dann für dich erbat,
gleich doppelt dich kurieret hat.

Als Mose kaum geboren war,
und du vielleicht im achten Jahr,

im Lande Goschen irgendwo,
galt der Befehl des Pharao:

Wenn eine Frau von 'nem gesunden
Hebräerknaben hat entbunden,

dass der noch vor dem ersten Schrei
erbarmungslos zu töten sei.

Denn Pharao war niederträchtig,
voll Angst, ihr würdet ihm zu mächtig.

Am Ende gäb' es 'ne Revolte!
Der schreckliche Befehl nun sollte

Hebräer, die als Sklaven galten,
mit ihrer Zahl in Grenzen halten.

Klar, dass nun Moses' Mutter wollte,
dass niemand ihn entdecken sollte.

Sie sprach zu dir: „Komm, Mirjam, hilf!
Wir flechten einen Korb aus Schilf

und dichten ihn mit Pech und Teer,
als ob's ein kleines Schiffchen wär!"

Das Körbchen war zwar schwarz und hässlich,
doch das war leider unerlässlich.

Denn: besser Pech am Leib als tot!
In dieses selbst gemachte Boot

mit Löchern, um noch Luft zu haben,
da legtet ihr den kleinen Knaben,

und brachtet ihn an euer Ziel:
ins Uferschilf des Flusses Nil.

So lag denn nun der kleine Schwimmer
in seiner Arche mit Gewimmer,

wie Vater Noah einst in seiner –
nur diese war bedeutend kleiner.

Da hast du nun von früh bis Nacht
das kleine Brüderchen bewacht,

dass es nicht noch zum Opfer fiel
statt Pharao 'nem Krokodil.

Die Mutter kam und stillte ihn.
Und wenn sie fort war, hüllte ihn

der Friede der Natur bald ein.
Er hatte keinen Grund zu schrei'n.

Und schrie er doch mal, klang der Schreier
so wie die Frösche oder Reiher.

Fuhr auf dem Nil ein Schiff entlang,
dann wiegte ihn der Wellengang.

Kurz: Friede herrschte hier und Stille
in dieser ländlichen Idylle.

Doch da erschrakst du als sein Wächter.
Du hörtest Stimmen und Gelächter.

Wer kam denn da? Was war da los?
Los war die Tochter Pharaos!

Und mit ihr im Gefolge kamen
Gespielinnen und Anstandsdamen.

Denn die Prinzessin wollte baden.
Schon stand sie drin bis zu den Waden

und sah das Körbchen, das verstohlen
im Schilfe schwamm, und ließ es holen.

Da lag ein Baby, süß und klein,
und lächelte wie Sonnenschein.

„Wie goldig! Oh – das will ich haben!
Kommt! Stillt es! Milch für meinen Knaben!"

Doch da begannen all die Frauen
betreten unter sich zu schauen,

weil der Befehl nun ganz und gar
unmöglich zu befolgen war.

Du aber sprangst aus dem Versteck.
„Ich kenne jemand", sprachst du keck,

„die gegen kleine Alimente
das Baby sicher stillen könnte!"

„Hol sie!", sprach Hoheit. „Meinetwegen
soll sie das Kind drei Jahre pflegen.

Dann aber will ich meinen Knaben
als Sohn in meinem Schlosse haben!"

Die Mutter auf verschlung'nem Wege
kriegt so ihr eignes Kind in Pflege.

Hier zu erkennen braucht's nicht viel:
Da hatte Gott die Hand im Spiel.

2. Mose 4

Pharao

Ja, Pharao – trotz aller Macht –
das hättest du wohl nicht gedacht,

dass die Hebräer, diese Sklaven,
so tief ins Mark den König trafen!

Nun weißt du's endlich – will ich hoffen:
Ihr Gott hat dich ins Mark getroffen.

Von diesem Gott – trotz Moses Mahnung –
hatt'st du am Anfang keine Ahnung.

Du dachtest nur: „Was woll'n die Alten,
die vom Vergnügen mich abhalten,

die Mose sich und Aaron nennen?
Wer ist denn das? Muss man die kennen?"

Du sprachst: „Weshalb die Audienz?
Ihr macht euch hier 'nen schönen Lenz,

statt mit den andern Schilf zu schneiden!
Ich seh's, Hebräer seid ihr beiden!

Nun fasst euch kurz! Sagt, was ihr wollt!
Ans Werk dann, das ihr schaffen sollt!"

„Gib unserm Volk bei all der Plage
doch wenigstens zwei Feiertage!

Wir woll'n mit Beten und mit Singen
für unsern Gott ein Opfer bringen!"

Du warst verbohrt, verstockt, verblendet!
Und Mose sprach: „Dass Gott mich sendet,

das siehst du hier!" Und warf 'ne Stange
zu Boden, und sie ward zur Schlange.

Du sprachst: „Das könn'n wir allemal!
Führt meine Weisen in den Saal!

Die machen so was doch mit links!"
Sie taten's auch. Dann allerdings

fraß Moses Wunderschlange viele
der altägyptischen Reptile.

Wärst du, o großer Pharao,
nicht so verstockt, und auch nicht so

von deiner Meinung eingenommen,
wärst zur Erkenntnis du gekommen:

Der Gott der Leute ist real!
Dir aber war das ganz egal.

Dann hättest du an allem Wissen
und Glauben plötzlich zweifeln müssen.

Die Götter Horus oder Re,
die wären dann im Nu passé.

Es käme auch die Göttin Isis
in eine mittelschwere Krisis.

Du hast geschlossen messerscharf,
dass nicht sein kann, was nicht sein darf.

Statt dir's noch mal zu überlegen
und dann zu sagen: „Meinetwegen,

zieht in die Wüste, um mit Singen
und Beten Opfer dort zu bringen!

Und singt für unsern Gott, den Horus,
wenn ihr schon da seid, auch 'nen Chorus!"

Statt so zu sprechen mit Erbarmen,
beschimpftest du nur diese Armen

und schriest und warfst sie dann hochkantig
aus dem Palast und wurdest grantig.

Als Gott sich dann als Herr erwies,
Leid auf Ägypten kommen ließ,

da kam nach jeder neuen Plage
der Mose mit der gleichen Frage.

Und immer hast du's erst versprochen
und nachher doch dein Wort gebrochen.

Zum Beispiel – das war gar nicht gut –
floss in dem Nil statt Wasser Blut.

Der ganze Fluss begann zu stinken
und niemand hatte was zu trinken.

Und dann, in einem andern Fall,
da hüpften Frösche überall.

Im Haus, im Bett und an der Wand –
wo immer man nur ging und stand,

trat man darauf. Und das gab Flecke!
Selbst unter deiner Schafwolldecke

auf deinem Bett, in deinem Haar,
in Bechern und auf Tellern gar

und auch in deine Staatspapiere
verkrochen sich die Schwabbeltiere.

Sogar den Bäcker traf die Plage:
Der Kuchen hatte Fleischeinlage.

Und so ging's weiter: mit Insekten,
mit Blattern, die das Vieh ansteckten,

mit Heuschrecken und Finsternis,
bis Gott das Schlimmste kommen ließ,

weil die Ägypter gar nicht spurten:
Es starben alle Erstgeburten,

vom Kronprinz oben im Palast
bis zu dem Sohn des Diebs im Knast.

Da endlich brach dein Widerstand.
Du gabst dem Mose freie Hand.

O ja – Gott lässt nicht mit sich spielen!
Und wer nicht hören will, muss fühlen.

2. Mose 7–11

Mose

Ach, Mose, was war das ein Sieg!
Dabei gab es gar keinen Krieg!

Im richt'gen Krieg, mit Schwertern, Spießen,
mit Keulenschlagen, Bogenschießen,

da hättet niemals ihr gewonnen!
Und keiner von euch wär' entronnen.

Des Pharaos gewalt'ges Heer,
sechshundert Wagen oder mehr,

an jedem vorn zwei schnelle Gäule,
verfolgten euch in höchster Eile.

Was konnte eure Flucht da nützen?
Auf allen Wagen Bogenschützen,

die treffen glatt auf hundert Schritte
das Herz des Feindes in der Mitte!

Die Pferde galoppieren schnaubend,
die Wagenräder rasseln staubend.

Deshalb hält ihre Infantrie
auch Abstand, sonst erstickte sie.

Der Lärm der Wagen und der Gäule
wird übertönt vom Streitgeheule,

und in den Augen ihrer Schützen
sieht man die Kampfeswut schon blitzen.

Bei euch dagegen, da rast nichts.
Ihr steht fast stille, angesichts

des Tempos, wie, laut euren Spähern,
die Feinde sich von hinten nähern.

Ihr haltet euch nur an das brave
gemache Tempo eurer Schafe.

'S ging auch nicht schneller ohne Vieh!
Die Lastenträger haben Müh,

durch tiefen, losen Sand zu eilen.
Die vielen kleinen Kinder heulen;

verlangen klagend von den Müttern,
sie soll'n sie tragen oder füttern.

Am schwersten haben's auf der Reise
die Schwachen, Kranken und die Greise.

Sie schimpfen heftig: „Nicht zu fassen,
dass wir uns darauf eingelassen!

Der Mose, unser Führer, macht sich
die Sache leicht, der ist erst achtzig!

Nun müssen wir uns dürstend sputen,
und werden doch sehr bald verbluten

durch die ägypt'schen Ungeheuer
und werden Beute für die Geier.

Wo wir doch vorgezogen hätten
den stillen Tod in unsern Betten!"

Du hast all das geseh'n, gehört
und drum dein Herz zu Gott gekehrt

und flehtest, dass er sich erbarm'.
Gott sprach: „Du siehst den Meeresarm.

Geh hin! Dann sollst du deinen Stecken
vom Ufer übers Wasser recken!

Du wirst schon seh'n, was dann passiert!
Und dass euch der Allmächt'ge führt!"

Natürlich hast du das getan.
Sofort erhob sich ein Orkan,

bewegt das Wasser, bis er dies
gewaltig nach der Seite blies.

Rechts war das Meer, links war das Meer,
dazwischen aber war es leer.

So blieb es auch. Der Wind war kräftig.
„Mir nach!", riefst du und winktest heftig.

Zwar war der Marsch auch hier nicht leicht –
der Boden war noch ziemlich feucht –

doch nun, nach diesem Wunderzeichen,
wär töricht es, zurückzuweichen.

Und weiter, immer weiter ging's,
mit Angst im Blick nach rechts und links,

wo Wasser, hoch wie Festungsmauern,
euch ließ erzittern und erschauern.

Grad als die letzten Auserwählten
sich aus dem Matsch ans Ufer quälten,

kam Pharao mit tausend Mann
vom Heer am andern Ufer an.

„Mir nach!", rief er – nun gar nicht weise.
Sie folgten alle in die Schneise.

Da gruben sich die Wagenräder
tief in den Schlamm. Erschreckt sah jeder,

dass diese Straße voll Gefahr,
vielleicht auch ihr Verderben war.

Es ging nicht vor und nicht zurück.
Und nun verließ sie ganz das Glück:

Der Ostwind hörte auf zu wehen.
Sie mussten mit Entsetzen sehen:

Das Wasser stürzt' auf sie herab.
Das Heer bekam ein nasses Grab.

Gern macht' ich mir dein Lied zu eigen,
das du dort sangst, und Mirjams Reigen,

wenn ich bei euch gewesen wäre:
„Der Herr ist mächtig! Ihm sei Ehre!"

2. Mose 14

Aaron

Ach, alter Aaron, sag: weshalb
der wilde Tanz ums goldne Kalb?

Was war am Sinai nur los?
Wie kamt auf die Idee ihr bloß,

auf die Idee, die rein verrückte,
dass Gold, das eure Frauen schmückte

in Form von Ringen oder Spangen,
als Ketten um den Hals gehangen,

dass dies, zum Stierbild umgeschmolzen,
dadurch zum Gott wird, einem stolzen?

Verstehen kann das Volk man ja:
Sie waren der Verzweiflung nah.

Seit sieben Wochen lagern sie
nun schon am Fuß des Sinai

mit wenig Wasser, kaum zu essen –
anscheinend hat sie Gott vergessen!

Wenn man hier leidet, dürstet, schwitzt,
untätig in der Wüste sitzt –

was nützt da die Verheißung dieses
Brot-, Milch- und Honig-Paradieses?

Wo ist es denn? Wir seh'n seit Wochen
nur Wüste, trocken wie die Knochen,

nur Sand und Steine! Und wir stinken,
sind schlapp und haben nichts zu trinken!

Auch hat sich Mose wohl ganz sacht
buchstäblich aus dem Staub gemacht.

Es heißt, er sei am Gipfel oben,
von unsrer Not weit abgehoben,

wo er für Gott viel Zeit sich nimmt.
Wer sagt uns, ob das wirklich stimmt?

Vielleicht ist – unbemerkt von allen –
er längst in eine Schlucht gefallen,

als Alpinist noch unerfahren
und nicht mehr in den besten Jahren.

Und überhaupt – wer ist der Gott,
der führte uns in diese Not?

Er führe uns auch wieder raus!
Wo ist er denn? Wie sieht er aus?

Dass einmal unsre Vor-Vorfahren
einst diesem Gott gehorsam waren,

bedeutet heute nicht mehr viel.
Da ist so mancher Gott am Nil,

wie er in jedem Tempel sitzt,
doch aus ganz anderm Holz geschnitzt.

Lasst einen solchen Gott uns machen,
der uns behüten kann, bewachen!

Aaron – mit Mose eng verwandt –
nimm du die Sache in die Hand!

So schrien sie laut, in Zorn gesteigert.
Du, Aaron, hast dich nicht geweigert.

Denn wie sie voller Wut gesprochen,
hat stark nach Lynchjustiz gerochen.

Entschied'st dich trotz Gewissensnot,
statt Gott gehorsam, aber tot,

den Leuten lieber nachzugeben –
nicht fromm, doch wenigstens am Leben.

„Na gut! All euer Gold gebt mir!"
So machtest du den goldnen Stier.

Sehr viele unsrer Zeitgenossen
hab'n auch manch goldnes Bild gegossen.

Zwar sammeln sie nicht überall
das teure, gelbe Schwermetall

– denn das zu kriegen ist oft schwierig –
doch sind sie sonst nach Schätzen gierig.

Die schmelzen sie zu allermeist
zu einem Gott, der „Konto" heißt.

Zwar fall'n im allgemeinen sie
vor diesem Gott nicht auf die Knie.

Doch kriegt, was sie zusammenrafften,
fast gottesgleiche Eigenschaften.

Quält Angst sie, Trauer und Entsetzen –
sie wenden sich an ihren Götzen.

Fehlt Lebenssinn – auch das kommt vor –
sie finden ihn in dem Tresor.

Sind sie um Selbstwert mal verlegen,
so sind sie stolz auf ihr Vermögen.

In Schmerzen, um sich abzulenken,
ist es ihr Trost, ans Geld zu denken.

Welch Unglück! Welche Lebenslüge:
Ihr Gott sind ihre Bankauszüge.

Du, Aaron, kannst dich glücklich schätzen!
Als Mose kam, sah voll Entsetzen

den Götzendienst, hat er gewettert,
und euer goldnes Bild zerschmettert,

zermahlen und ganz fein zerstäubt,
dass nichts mehr davon übrigt bleibt.

Er hielt euch vor des Herrn Gebot:
Er selbst sei euer einz'ger Gott!

Sollt ihm allein die Ehre geben,
und keinen Göttern noch daneben.

2. Mose 32

Bileam

Du, Bileam, warst ein Prophet,
ein Mensch, der vor dem Höchsten steht,

der Gottes Wort für hier und jetzt
in Menschensprache übersetzt.

An einem Morgen war'n bei dir
viel fremde Reiter vor der Tür.

„'Nen schönen Gruß von unserm König ..."
– und deine Brust, die schwoll ein wenig –

„... dem Balak, Moab heißt sein Land.
Es liegt im Süden, linkerhand

vom Jordan und vom Toten Meer.
Nun, unser König bittet sehr,

du mögest ihm zu Hilfe eilen:
den Feinden einen Fluch erteilen,

den Wüstenstämmen, diesen rohen,
die ihn von Westen her bedrohen.

Wirst einen Fluch du für sie sprechen,
so könnt' sie das entscheidend schwächen.

Wenn sich das Volk so schwächen lässt,
gibt er ihm mit dem Heer den Rest.

Komm mit! Es würde Balak freu'n!
Es soll dein Schaden auch nicht sein!"

Nun war's nicht schwierig zu entdecken:
Es war'n die meisten von den Säcken,

die ihnen schwer am Sattel hingen,
voll Gold und andern edlen Dingen.

Du mühtest dich, nicht hinzugucken,
und sprachst nach dreimal heftig Schlucken:

„Prophet zu sein ist eine Bürde!
Nicht, dass ich nicht gern helfen würde,

zumal der Lohn ins Aug' mir sticht!
Doch leider, Balak, geht es nicht.

Denn ein Prophet, wie du wohl weißt,
sagt nur, was Gott ihn sagen heißt."

So wandten sie sich bald zurück,
du folgtest mit betrübtem Blick

dem Zug der reichen, fremden Reiter.
Nun gut – arm geht das Leben weiter.

Doch – wie erstaunlich – bald darauf,
da tauchten sie schon wieder auf –

viel stolze Herrn auf edlen Tieren.
Der Balak wollt' dir imponieren.

Der Kern der vornehmen Gesandtschaft
bestand aus Balaks Blutsverwandtschaft.

Die mit viel Gold bei dir eintrafen,
das waren Fürsten oder Grafen.

Die haben dir nun ausgerichtet:
„Wir wissen, du bist Gott verpflichtet.

Jedoch, sei nicht so unbeweglich!
Wenn Gott spricht, ist es sicher möglich,

sein Wort, da du doch Spielraum hast,
so hinzubiegen, dass es passt."

Dem wolltest du nicht widersprechen.
Du hast beschlossen, aufzubrechen.

Und bald schon trabtest du dahin
auf deiner treuen Eselin.

Gott aber war dabei voll Zorn.
Schickt einen Engel, der von vorn

auf einem schmalen, engen Pfad
dir und dem Tier entgegentrat.

Der Esel sah ihn und blieb steh'n.
Du aber konntest ihn nicht sehn –

was zeigt, dass manch ein Mensch und Christ
oft dümmer als ein Esel ist.

Du hast dein Reittier arg versohlt.
So hat sich's zweimal wiederholt.

Zum Schluss noch quetschte dir dein Grauer
den Fuß an einer Weinbergmauer.

Du schlugst das Tier voll Schmerz und Wut.
Der Esel fand das gar nicht gut.

Er fand's im Gegenteil betrüblich,
und – was bei Eseln sonst nicht üblich –

beschwerte mündlich sich bei dir:
„Bin ich nicht dein getreues Tier,

das als bescheid'ner Leisetreter
dich trug so manchen Kilometer,

durch Wald und Feld, bergab, bergan?
Was schlägst du mich wie ein Tyrann?"

Du sahst den Engel, sprangst vom Rücken
des Esels, um dich tief zu bücken.

Er sprach: „Die Eselin hat Recht!
Nicht sie, dagegen du bist schlecht!

Befolgst nicht Gottes Wort – aus Gier!
Nun gut – zieh hin! Doch merke dir:

Sprich nur – ob's Fluch sei oder Segen –,
was Gott in deinen Mund wird legen!"

Wir kennen alle das Ergebnis.
Uns, Bileam, zeigt dein Erlebnis:

Gott kann, um Stolz und Gier zu stutzen,
mal Engel und mal Esel nutzen.

4. Mose 22–24

Rahab

Oh, wie erfreulich, liebe Rahab,
dass ich dich heute mal so nah hab,

um mit dir ein Gespräch zu führen!
Du konntest mir stets imponieren!

Es ist, und dieses find ich schlecht,
zwar dein Gewerbe waagerecht.

Jedoch von Gottes Wort und Mahnung,
da hattest du ja keine Ahnung.

Was man nicht weiß, das weiß man nicht.
Da aber hörst du das Gerücht,

dass man sich wohl bald schützen müsste
vor einem Volke aus der Wüste.

Sehr stark sei wohl der Gott der Leute,
der aus Ägypten sie befreite

und Pharaos gesamtes Heer
ertränkte dort in einem Meer.

Und man erzählte auch mit Bangen,
Gott sei dem Volk vorangegangen

des Tags als Wolke, nachts als Feuer.
Da stauntest du ganz ungeheuer.

Auch habe er sein Volk gesegnet
mit Brot, das nachts vom Himmel regnet.

Mit solcher Gottesoffenbarung
habt ihr ja keinerlei Erfahrung.

Bei euch sind Götter ganz und gar
ohnmächtig, stumm und unsichtbar.

So kam dir die Gedankenkette:
„Wenn ich die Möglichkeiten hätte,

dem Gott des Volkes Israel
zu folgen, tät ich's auf der Stell."

Und wie es so der Zufall wollte
– und wer auch sonst –, ganz plötzlich sollte

sich die Gelegenheit ergeben:
Der fremde Gott trat in dein Leben.

Es kehrten Männer bei dir ein,
die schienen nicht von hier zu sein.

Man hörte es am Dialekt.
Auch war'n sie müde und verdreckt.

Sie löffelten grad ihre Suppen,
da polterten die Grenzschutztruppen

von Jericho vorn an der Tür.
„Mach auf! Wir wollen nichts von dir!"

Als ob sie gleich die Tür einrennten!
„Wir suchen zwei Geheimagenten!"

Ah – sprachst du – daher weht der Wind!
Ganz klar, dass das die beiden sind!

Das ist die Chance! Da greif ich zu!
In aller Eile schicktest du

die beiden Israelspione
die Leiter rauf zu dem Balkone,

aufs flache Dach, wo sowieso
zum Trocknen lag 'ne Menge Stroh.

Da sollten sie sich drin verbergen.
Du öffnetest derweil den Schergen.

„Geheimagenten? Wen sucht ihr?
Spione? Nein, die sind nicht hier."

„Wer aß aus diesem Suppenteller?"
„Ach die! Da seid mal nächstens schneller!

Die waren hier, sind längst gegangen.
Ich hätte sie für euch gefangen,

wenn ich gewusst hätt', wer das ist!"
Verärgert guckt ein Polizist

im wohl bekannten Schlafgemach,
in Truhen und in Schränken nach.

Dann hab'n sie sich davongestohlen,
die Feinde möglichst einzuholen.

Die beiden, die noch eben bänglich,
bedankten sich ganz überschwänglich

und wollten fort. „Halt, nicht so eilig!",
sprachst du. „Erst schwört mir hoch und heilig,

als Dankestat gewissermaßen,
wollt ihr mir Gut und Leben lassen,

wenn Israel die Stadt berennt,
erobert und dann niederbrennt!"

„Wir schwören!", sagten die Spione.
„Zum Zeichen, welches Haus man schone,

wenn mit dem Heer wir kehr'n zurück,
häng aus dem Fenster diesen Strick!"

Du hast – unsicher war'n die Gassen –
an diesem Strick hinabgelassen

hoch von der Mauer dann die zwei.
„Tschüss, Rahab!" Und sie waren frei.

Sie hielten ihren Schwur. Und dann
nahm dich ein netter junger Mann

und gründete so einen Stamm,
aus dem dann der Messias kam.

Man sieht: Gott sind nicht nur die Frommen
und Hochmoralischen willkommen.

Auch den schätzt er, der hier und jetzt
mit Gott auf eine Karte setzt.

Josua 2

Josua

Was, Josua, mich sehr bewegt
im Buch, das deinen Namen trägt,

ist das, was stattgefunden hat
bei Jericho, der grünen Stadt.

Zuweilen zeigt sich Gottes Treue
darin, dass er uns Kraft verleihe,

damit wir Kämpfe (die gerechten)
mit seiner Kraft zu Ende fechten.

Doch manchmal greift er ganz allein
mit einem Wunder helfend ein.

Bei euch war's beides, so und so,
in eurem Kampf um Jericho.

Die Wüste lag nun hinter euch.
O welche Freude, dass nun gleich

ihr kommen sollt in den Genuss
– gleich hinter diesem kleinen Fluss,

der sich ins Tote Meer ergießt –
des Lands, da Milch und Honig fließt.

Eins aber macht' euch gar nicht froh:
Das war die Festung Jericho.

Nach Jahren durch die Wüste gehen –
ihr hattet nie ein Haus gesehen –

war da ein richtiges Gemäuer
euch sowieso nicht ganz geheuer.

Erst recht nicht, was hier aufgetürmt
und dieses große Volk beschirmt:

Es ragte hoch bis an den Himmel.
Und innen drin ein Volksgewimmel,

von denen viele Krieger waren,
geübt und in den besten Jahren.

Wie solltet ihr in Windeseile,
im Todeshagel ihrer Pfeile,

im heißen, wilden Kampfesreigen
die hohen Mauern je ersteigen?

Ganz ohn' Belagerungsmaschinen,
die sonst im Kriege dazu dienen,

hineinzuschleudern Pest und Flammen,
und um die Tore einzurammen!

Da wurden euch die Knie weich.
Es käme Massenselbstmord gleich,

dagegen tollkühn anzurennen,
wo die euch so leicht treffen können!

Gott aber hatte dir gesagt:
„Sei nur getrost und unverzagt!

Entsetz' dich nicht! Lass dir nicht grauen!
Musst nur gehorchen und vertrauen!"

Und dann erklärte er dir die
göttliche Angriffsstrategie.

So seid ihr dann in großem Bogen
ganz still rund um die Stadt gezogen.

Die auf der Mauer sahn's mit Staunen:
Vorn sieben Priester mit Posaunen

mit Festgewändern an. Und grade
dahinter kam die Bundeslade.

Direkt dahinter schloss sich an
die Schar der Krieger, Mann für Mann,

mit Schwert und Keule, Schild und Speer.
Es war ein so gewalt'ges Heer,

dass vorn der Kopf der Schlange ganz
nah schloss an des Heerwurms Schwanz,

der so mit Priestern, Heer und Tross
ringsum ganz Jericho umschloss.

Als so ganz feierlich und schweigend,
dem feindlichen Gespött sich zeigend,

ihr einmal seid im Kreis geschritten –
die Stadt der Feinde in der Mitten –,

da zogen sich zurück die Leute
ins Lager. So – das war's für heute.

Sechs Tage lang passiert nicht mehr –
nur einmal täglich Kreisverkehr.

Dann aber seid, am Tage sieben,
ihr nach dem Kreis nicht steh'n geblieben.

Ihr musstet, dauert' es auch Stunden,
die Stadt nun siebenmal umrunden.

Die Priester stießen, statt zu beten,
mit voller Kraft in die Trompeten.

Ihr schriet, um noch mehr Lärm zu machen.
Und da, mit Knirschen, Poltern, Krachen

stürzt ein das riesige Gemäuer.
Ihr stiegt hinein – der Sieg war euer!

Was lernen wir aus dem Bericht?
Posaune blasen sicher nicht.

Auch nicht, sehr oft wie deinesgleichen
um ein Problem herumzuschleichen

wie Katzen um den heißen Brei.
Auch nicht das laute Kriegsgeschrei.

Wir lernen es, Gott zu vertrauen,
im Glauben zu ihm aufzuschauen

in unserm Lebenskampf tagtäglich.
Ist er bei uns, ist nichts unmöglich.

Josua 6

Kaleb

Du liebst ja, Kaleb, nicht das Schwärmen
von alten Zeiten, aufzuwärmen,

was früher sich ereignet hat –
du lebst im Heute: Mann der Tat!

Lässt dir trotz 85 Lenzen
nicht den Aktionsradius begrenzen.

Setzt' man dich weich auf Sofakissen,
so würdest du den Kampf vermissen.

Soll'n andre ruhen, gichtbeschwert –
du führst noch Schild und Spieß und Schwert.

Und dennoch – wend' mit mir den Blick
noch einmal in die Zeit zurück,

als du erst vierzig Jahre alt.
Ihr machtet da in Paran Halt.

Ihr schicktet euch soeben an,
nun endlich das Land Kanaan

nach diesem langen, unbequemen
Marsch endlich in Besitz zu nehmen.

Doch zogt ihr nicht hinein sogleich.
Was wartete wohl da auf euch?

Ein Land, in dem das Leben lohnt,
ist meistens nicht mehr unbewohnt.

Wo Milch und Honig reichlich fließen,
sind meist schon andre am genießen.

Sehr fraglich ist, ob, die da prassen,
das euch gleich kampflos überlassen.

Drum Mose sprach: „Jetzt gleich ins Land
hineinzugeh'n ist zu riskant.

Von manchem Volk, das gern da bliebe,
krieg'n wir vielleicht eins auf die Rübe.

Apropos Rübe – 's wär auch gut
zu wissen, was da wachsen tut.

Wie fruchtbar ist's, und wo genau?
Geht einmal hin und macht euch schlau!

Wir schicken mal – ich würde meinen –
zwölf Mann, von jedem Stamme einen."

So warst du, Kaleb, nun gebeten,
dabei Stamm Juda zu vertreten.

Und endlich war es dann so weit.
Es war gerade Erntezeit,

drum reich beladen mit viel Früchten
kamt ihr zurück, um zu berichten:

„Tatsächlich ist das Land sehr reich
und fast dem Paradiese gleich.

Doch, Freunde, freut euch nicht zu früh!
Dies Land erobern wir doch nie!

Die Leute, die das Land besitzen,
die bauen Türme, deren Spitzen

hoch bis hinauf zum Himmel ragen.
Wer will die zu erobern wagen?

Und die Bewohner erst von diesen
Gebäuden, das sind starke Riesen!

Zwar fließt der Honig dort tatsächlich,
doch für das Land sind wir zu schwächlich.

Zwar fließt dort, wie versprochen, Milch,
doch war'n wir wie ein kleiner Knilch,

der kämpfen will mit dem Titanen."
Und da begann das Volk zu ahnen

aus Angst vor blutigen Gefechten,
der Traum von manchen schwülen Nächten,

der könnte sich in Nichts auflösen,
zum Alptraum werden, einem bösen.

„Was nützt's, wenn wir das Land erreichen
und bleiben schließlich da – als Leichen?"

Da trautest du dich, aufzusteh'n
mit Josua: „Vergesst die Zehn!

Zwar stimmt all das, was man erzählt.
Doch hat nicht Gott uns auserwählt?

Er hat uns Kanaan versprochen!
Drum, Leute, mutig aufgebrochen!"

Das freute Gott. Das Volk indessen,
das hatte Gott schon längst vergessen.

Der Herr beschloss und ließ verkünden:
„Dem Volk voll Zweifel und voll Sünden

kann ich, um meiner Ehre willen,
nun die Verheißung nicht erfüllen.

Ein Volk, das zaghaft ist und blöde,
braucht Reifezeit in der Einöde.

Die Kinder erst, zu spätren Zeiten,
werd' ich nach Kanaan geleiten.

Ihr aber seid dann alle tot.
Nur Josua vertraute Gott,

und Kaleb. Die zwei soll'n nicht sterben,
und dann auch Land und Städte erben."

Und dies, Herr Kaleb, ist der Grund,
dass du vital bist und gesund.

Nun zieh mit deinen wen'gen Leuten
nach Hebron, um es zu erbeuten,

dass jeder sieht, wenn ihr dort wohnt:
Das Gottvertrau'n hat sich gelohnt.

Josua 14 / 4. Mose 13

Gideon

Ja, junger, frommer Gideon,
hör zu: Das hast du nun davon!

Wer in der Krise nicht nur jammert,
wer fest an Gottes Wort sich klammert,

erfährt, dass Gott auch dazu steht,
selbst wenn's durch Schwierigkeiten geht.

Ein großes Heer von Midianitern
verband sich mit Amalekitern

und brach herein und suchte Streit,
wie jedes Jahr zur Erntezeit.

Sie raubten Korn und Obst und Vieh,
was übrig blieb, verbrannten sie.

Ihr konntet euch noch nicht mal wehren
bei diesen riesengroßen Heeren

auf ihren schnellen Reitkamelen.
Ihr suchtet Schutz in Wald und Höhlen.

Ihr floht mit Alten, Frau'n und Kindern
und ließt die Midianiter plündern.

Nun habt ihr wieder Korn geschnitten.
Bald kommen sie wohl angeritten.

Du drischst grad in der Kelter unten.
Da wirst du nicht so schnell gefunden.

Da stand ein Mann am Kelterrand,
der war dir völlig unbekannt.

Er sprach: „Du sollst dein Volk befrei'n!
Geh hin! Und Gott wird mit dir sein."

„Was heißt hier Gott? Wir kenn'n sein Walten
nur aus Erzählungen der Alten!

Nein, schlag dir so was aus dem Kopf!
Sei sicher, dass ich armer Tropf

von so was meine Finger lasse,
ich, der Geringste in Manasse!"

Doch wie du sprachst, da fiel dir ein:
Könnt' der vielleicht ein Engel sein?

Ich muss es wissen! „Bitte, weiche
nicht von dem Platz hier bei der Eiche!"

Du ranntest heim und gabst dir Mühe
ein Mahl zu richten: etwas Brühe

und Brot und Fleisch vom Ziegenbock.
Du brachtest's ihm. Er nahm den Stock

und tippte damit sanft darauf.
Da zischte eine Flamme auf.

Das Opfer war im Nu verbrannt.
Der Engel aber, der entschwand.

Dadurch ermutigt, hast beflissen
nachts du den Baalsaltar zerrissen.

Bei Tag, wo jeder zugeschaut,
hätt'st du dich das wohl nicht getraut.

Zwei starke Ochsen und ein Tau –
im Nu zerbröselte der Bau.

Daneben stand ein Pfahl ganz nah:
ein Götzenbild der Aschera –

so war gleich Feuerholz zur Hand,
als du ein Opfer nun verbrannt.

Für Gott. Denn dir war klar: Jetzt brennt's!
Jetzt heißt's in letzter Konsequenz

nur noch auf eine Karte setzen:
auf Gott! Drum weg mit allen Götzen!

So ein Entschluss scheint nie zu wanken,
besteht er nur in den Gedanken.

Jedoch nichts mehr so fest besteht,
wird dieser Plan erst mal konkret.

Als es nun galt, die Schlacht zu wagen
und die Verantwortung zu tragen

für Tausende von Volksgenossen,
da warst du ängstlich und verschlossen.

Will's Gott? Und wird er mit uns sein?
Bild' ich mir das vielleicht nur ein?

Dem Kampf sich stellen oder weichen?
„Ach, lieber Gott, gib mir ein Zeichen!

Ist diese Wolle über Nacht
vom Tau vollständig nass gemacht,

nicht aber rundherum die Erde,
so heißt das, dass ich siegen werde."

Genauso war's am nächsten Morgen.
Doch immer noch machst du dir Sorgen.

Die Zweifel sind noch nicht zerstreut.
„Ich dank' dir für das Wunder heut,

für das ich dich von Herzen lobe –
doch hätt' ich gern die Gegenprobe.

Herr, tu das umgekehrte Wunder!
Das Fell soll trocken sein wie Zunder,

die ganze Erde aber feucht!
Dann fiele mir das Glauben leicht."

Nun, Gottes Werk bei dem geschieht,
der glaubt, obwohl er gar nichts sieht,

und nur auf Gottes Wort vertraut.
Wenn mancher manchmal trotzdem schaut,

was Gott an Zeichen sehen lässt,
macht das den Glauben extra fest.

Richter 6

Pura

Du, Gideons treuer Diener Pura,
warst mutig wohl, schon von Natura.

Das schließ' ich draus, dass Gott dich nennt –
der seine Pappenheimer kennt –,

um Gideon treu zu bewachen
und um durch Nähe Mut zu machen.

Denn nach dem Tau- und Wollezeichen
gebot ihm Gott, hinabzuschleichen

ganz nah an eurer Feinde Heer,
als obs 'ne Schar von Kindern wär.

Bei hundertzwanzigtausend Rittern
begannen ihm die Knie zu zittern.

Doch Gideon, der Zögerliche,
fühlt sich gestärkt in seiner Psyche,

weil du bei ihm bist Schritt für Schritt.
Dein Mut teilt sich dem Freunde mit.

Da lag das riesengroße Heer
um tausend Feuer oder mehr.

Man hörte Reden und Gelächter.
Und grad hier vorn saht ihr zwei Wächter.

So seid ihr beide dann verstohlen
bei Dunkelheit auf leisen Sohlen

so nah an sie herangekrochen,
dass hörbar war, was sie gesprochen.

Der eine – ihr verstandet's kaum –
erzählte grade einen Traum

von etwas, das durchs Lager rollte,
Tod und Verderben bringen sollte.

Ihr saht den zweiten Mann erbleichen.
„O weh! Das ist ein schlechtes Zeichen!

Es kann im Grunde nur bedeuten,
dass Gideon mit seinen Leuten

– er sammelt welche, wird berichtet –
uns überfällt und ganz vernichtet."

Was warst du froh! Und Gideon!
Ihr schlicht euch leise nun davon

und lobtet Gott von Herzensgrund
für dieses Wort aus Feindesmund.

Nun blies man bald die Kriegsposaunen.
Und alles Volk ergriff ein Staunen,

dass jemand wagt, statt nur zu fliehen
ganz mutig in den Kampf zu ziehen.

Rund zweiunddreißigtausend Mann,
die kamen schließlich bei euch an.

Das war nicht viel. Die Midianiter
war'n hundertzwanzigtausend Ritter!

Gott sprach: „Wem fehlt's von euch an Mumm?
Der kehre besser wieder um!

Ich will, ihr sollt mit wenig Leuten
mit euren vielen Feinden streiten.

Nur dann wird nämlich sonnenklar,
dass euer Sieg ein Wunder war."

Zehntausend ohne Angstgefühle,
die war'n Gott immer noch zu viele.

Er sprach: „Lass alle Wasser trinken!
Wer dabei kniet, den stell zur Linken.

Wer steht und leckt nur wie ein Tier,
den stell nach rechts. Die geh'n mit dir."

Als das gescheh'n, saht ihr mit Schrecken:
Die rechts, die mit dem Wasserlecken –

dreihundert Mann war die Gemeinde!
Für jeden gab's vierhundert Feinde!

Doch Gideon teilt nun in Eile
das kleine Häuflein in drei Teile,

die sollten an verschied'nen Ecken
beim Feindeslager sich verstecken

mit einer Fackel in 'nem Krug
und einem Horn – das war genug.

Auf das Signal hin bliesen alle
in ihre Hörner. Zu dem Schalle

kam noch das Klirren und das Scheppern
vom allgemeinen Krugzerdeppern.

Von Fackeln war die Nacht erhellt.
Die Wachen gaben Fersengeld

und rissen dabei Zelte ein.
Die Schläfer schreckte auf ein Schrei'n:

„Hier Schwert des Herrn und Gideon!"
Die Letzten wurden wach davon

und glaubten an ein blut'ges Drama
und flohen rasch – noch im Pyjama.

Ein Chaos brach im Lager aus,
und alle schrien und wollten raus.

Und zwischendrin all die Kamele!
Gar niemand hörte auf Befehle.

Um fortzukommen noch rechtzeitig,
erstachen sie sich gegenseitig

und kämpften so den Weg sich frei
durch Blut und Chaos und Geschrei.

Die Stärksten schlugen alle nieder
und floh'n und kamen niemals wieder.

Richter 7

Simson

O Simson, du, ein Muskelprotz,
du solltest nicht von Wut und Trotz,

Angeberei und Leidenschaft
regieren lassen deine Kraft!

Gott gab dir diese Energie.
Darum: Für ihn gebrauche sie!

Einst kamst du ins Philisterreich.
Und da verliebtest du dich gleich

heiß in ein Mädchen, jung und schön,
das du durch Zufall dort geseh'n,

und sprachst: „Dies Mädchen wird die meine!
Nur diese eine oder keine!"

Dein Vater war für dies Ansinnen
nicht ohne weitres zu gewinnen,

denn eine Heidin war die Schöne.
Da machtest du ihm eine Szene,

und, wie fast stets in deinem Leben,
hat er auch diesmal nachgegeben.

Einst sprang ein Löwe aus den Büschen,
um dich als Beute zu erwischen.

Du, da du keinen Dolch getragen,
hast ihn mit bloßer Hand erschlagen.

Dann, nach zwei Wochen oder drei,
da kamst du nochmal hier vorbei,

sahst das Skelett 'nem Schwarm von Bienen
als Nest und als Behausung dienen.

Du drücktest Honig aus den Waben,
um dich zu stärken und zu laben.

Du kamst zu deiner Braut als Freier,
und es begann die Hochzeitsfeier.

Man tat dir dreißig Junggesellen,
wie es hier Brauch, zur Seite stellen

als Freunde, denn du warst hier fremd.
Du sprachst: „Wir wetten unser Hemd!

Ich werde euch ein Rätsel sagen.
Löst ihr es nicht in sieben Tagen,

mir euer Festgewand gehört.
Löst ihr es, geht es umgekehrt."

Sie sprachen: „Ja, es sei! Wir schwören!
Nun lass uns schon dein Rätsel hören!"

„Fraß ließ sich von dem Fresser lösen,
und Süßes von dem Muskulösen."

Die dreißig dann, nach langem Grübeln,
begannen dir das zu verübeln.

Weil ihnen vor'm Verlieren graut,
da sprachen sie zu deiner Braut:

„Wir sind wohl keine Rätselrater.
Wir zünden darum deinem Vater,

wenn du nicht hilfst, die Bude an!
Du musst nur einfach deinem Mann

süß schmusend auf dem Schoße hocken
und das Geheimnis ihm entlocken."

Das tat sie dann auch tränenreich.
Zwar rochest du den Braten gleich,

und hättest lieber schweigen sollen.
Doch brach an ihrem süßen Schmollen,

an ihren Tränen im Gesicht,
an ihrem „Oh, du liebst mich nicht!"

dein Widerstand. Trotz besserm Wissen
hast du es ihr verraten müssen.

Und das Ergebnis war dann leider:
Du brauchtest dreißig Feierkleider.

So hast du an den Feiertagen
ein paar Philister totgeschlagen

und ihre Kleider ausgezogen.
Du warst voll Zorn, fühlt'st dich betrogen,

hast deine neue Frau verlassen,
begannst die Leute hier zu hassen,

hast reihenweise sie erschlagen,
hast mal ein Stadttor fortgetragen,

weit weg versteckt, wo man's nicht findet,
hast ihre Ernten angezündet.

Stark zwar, sankst du doch immer tiefer.
Mit einem Esel-Unterkiefer

hast du in einer wilden Schlacht
gleich tausend den Garaus gemacht.

So endete das Drama dann
so ähnlich, wie es einst begann:

Es stand dir da besonders nah
ein Mädchen namens Delila.

Auch die hat kosend dir dein Wissen,
dein Haar und deine Kraft entrissen.

Nun war dein Widerstand gebrochen
und deine Augen ausgestochen.

Gefangen endetest du später
als erster Selbstmord-Attentäter.

Ach, wär' statt Raufen, Brennen, Morden
aus dir ein Gottesmann geworden!

Man sieht, dass die mit großen Gaben
Verantwortung für diese haben.

Richter 14–16

David

Da sitzt du, David, auf der Erde,
gibst Acht auf deines Vaters Herde

und singst ein frohes Lied dabei,
dass Gott der gute Hirte sei,

der immer, tags wie auch im Schlafe,
dich stets beschützt, wie du die Schafe.

Das ist ein wunderschönes Bild.
Doch leider ist das Leben wild

und voller Ängste und Bedrängnis.
Gerade jetzt droht ein Verhängnis

ganz Israel mit Frau'n und Kindern.
Denn die Philister morden, plündern

und brennen, rauben mit dem Heer
und machen euch das Leben schwer.

Zwar ist da König Saul, der Held,
der sich dem Feind entgegenstellt.

Doch kann's ihm mit dem Heer gelingen
ihn dran zu hindern, vorzudringen?

Siehst du nicht hier auf dieser Weide
bei Sonnenschein, entfernt vom Leide,

inmitten ländlicher Idylle,
die Welt durch eine rosa Brille?

Dein Vater hat dich heim bestellt.
„Du weißt, die Brüder sind im Feld.

Viel Sorgen mach ich mir um sie",
so sprach der alte Isai.

„Jetzt lagern sie im Eichengrund.
Bring ihnen diese Brote und

die Körner. Käse geb ich dir
für ihren Unteroffizier."

Da machtest du dich auf die Socken
und kamst zum Heer. Du fandst sie hocken

in ihrer Stellung, leicht erhöht.
Und wenn man da hinunterspäht,

sieht man den Eichgrund und darüber
die andern Hügel gegenüber,

wo die Philister mit dem ganzen
gewalt'gen Heere sich verschanzen.

Da tritt – du traust den Augen kaum –
ein Riesenkerl, groß wie ein Baum,

breit wie die Tür an eurem Haus,
aus der Philister Front heraus.

Sein Waffenträger trägt den Schild.
Auch der ist groß. Doch welches Bild:

Er wirkt daneben wie ein Zwerg.
So kommen sie herab vom Berg

und pflanzen sich nach raschem Lauf
breitbeinig dort im Talgrund auf.

Du fragst: „Wer ist das da im Grund?"
Dein Bruder sagte: „Halt den Mund!

Hau ab! Das sieht ja doch ein Blinder:
Der Fall hier, der ist nichts für Kinder!"

Ja, Brüder sind oft überheblich.
Das ist zwar üblich, doch nicht löblich.

Doch hörst du, was das auf sich hat:
„Der Riese dort heißt Goliat.

Vorkämpfer ist er, stellvertretend
für alle sterbend oder tötend.

Das Heer, von dem gewinnt der Krieger,
gilt dann im Ganzen auch als Sieger.

In Mode kommt jetzt dies Verfahren,
weil es ja hilft, Soldaten sparen.

Der Kampf der Stellvertreter-Riesen
verhindert großes Blutvergießen.

Nur leider ist bei uns kein Mann,
der dem Paroli bieten kann."

Der Goliat schrie: „Nun los, ihr Feigen!
Schickt einen her! Dem will ich's zeigen!"

So höhnte, brüllte der Philister,
so zog er sämtliche Register.

Man kam sich klein vor wie ein Wurm
vor diesem Mann, groß wie ein Turm,

breit wie ein Schiffbug der Brustkasten,
mit Armen, fast so dick wie Masten.

Der ganze Kerl mit Blech bewehrt
und in der Faust das Riesenschwert.

Du sprachst: „Ich hab' als Waffe leider
nur meine viel bewährte Schleuder.

Bin Schwert und Rüstung nicht gewöhnt.
Und trotzdem: Er hat Gott verhöhnt!

Drum bin ich sicher, dass ich's schaffe,
denn Gott ist meine stärkste Waffe."

Du liefst ins Tal, flink wie ein Wiesel
und schleudertest – es traf der Kiesel

direkt am Kopf. Man glaubt es kaum:
Er stürzt wie ein gefällter Baum.

Du hast mit seinem Schwert behänd
den Kopf von seinem Rumpf getrennt.

Man sieht, dass – wie in ruhigen Zeiten –
auf Gott Verlass ist auch beim Streiten.

1. Samuel 17

Saul

Verzeihung, großer König Saul –
da ist doch irgendetwas faul!

Du trachtest David nach dem Leben!
Du hast ihm doch dein Kind gegeben!

Er war's, der Goliat besiegte,
wofür er deine Tochter kriegte.

Hat dein und Gottes Lob gesungen.
War'n die Philister vorgedrungen,

dann jagte David sie davon
bis Aschdod oder Aschkalon.

Was hat dein Schwiegersohn getan?
Warum verfolgst du diesen Mann,

der vor dir unstet ist und flüchtig?
Ich sag's dir: Du bist eifersüchtig!

Du ärgerst dich, dass es ihn gibt,
nur weil er bei dem Volk beliebt.

Auch fürchtest du, wie unter Zwängen,
er könnte dich vom Thron verdrängen.

Doch dann hat er dich sehr beschämt.
Er war verstoßen und verfemt.

Gesucht mit höchstem Staatserlass,
verbarg er sich vor deinem Hass

im Wüstenland bei Engedi
und dacht': Hier findet Saul mich nie!

Doch jemand hat ihn dir verraten.
Du nahmst dreitausend Fußsoldaten.

Dann seid ihr in 'nem halben Bogen
am Toten Meer entlang gezogen.

Du sprachst zu dem, der zweiter Leiter:
„Ich komme nach. Zieht ihr nur weiter!

Ich muss dahin, wo – ihr versteht –
der Kaiser selbst zu Fuß hingeht."

Du gingst zu Fuß ein Stück bergan,
wo sich ein Loch hat aufgetan.

Doch was du nie geahnt, geschah:
Der, den du suchtest, war schon da.

Dein Schwiegersohn, die gute Seele,
verbarg sich hinten in der Höhle.

Und Männer, die sich zu ihm halten.
Zum Teil recht finstere Gestalten,

die gerne Partisanen spielten,
die unrecht sich behandelt fühlten,

warum auch immer, zur verhassten
Gesellschaft nicht so richtig passten.

Sechshundert Mann aus allen Sparten,
die sich um ihren David scharten.

Die saßen alle, dicht gedrängt
und zwischen Felsen eingezwängt,

in dieser Höhle ganz weit hinten.
Da solltest du sie niemals finden.

Hätt'st du sie aber hier gesucht –
es gäbe keinen Weg zur Flucht.

Doch Schluss mit „wenn" und „ob" und „hätte" –
jetzt seh'n sie deine Silhouette

vom hintern Dunkel deutlich gegen
das helle Licht das Kleid ablegen.

Die Männer hauchten David zu:
„Schleich hin! Ein Stich – und du hast Ruh!

Die Chance hat dir Gott gegeben!"
Doch David sagte: „Saul soll leben!

Gott ließ ihn salben für sein Amt.
Wer ihn nun tötet, ist verdammt.

Das gilt, auch wenn sich Saul für diesen
Beruf unwürdig hat erwiesen.

Will Gott ihn tot, ob heut, ob morgen,
wird er dafür schon selber sorgen."

Und doch schlich David mit dem Schwert,
ganz ohne dass du was gehört,

heran und schnitt mit ruhiger Hand
'nen Zipfel ab von dem Gewand.

Du hast, als das Geschäft beendet,
dann keinen Blick darauf verwendet,

ob das Gewand noch unversehrt,
und bist zum Heer zurückgekehrt.

Da rief dich David an, der hoch
am Berg stand, vor dem Höhlenloch.

„Saul!", rief er, „was verfolgst du mich?
Ich bin doch gar nicht gegen dich!

Das denkst du nur in deinem Wahn!
Wollt ich's – ich hätt' es grad getan,

wo ich dich leicht erschlagen könnte,
doch nur dies Stück vom Mantel trennte!"

Da sahst du: Ja, der Mann hat Recht.
Er ist stets gut, und ich bin schlecht!

„Verzeih mir, lieber Schwiegersohn!
Bleib ruhig da! Ich gehe schon!"

Und es war Friede überall
und Freundschaft – bis zum nächsten Mal.

1. Samuel 24

Salomo

Du weiser König Salomo,
ach, ich bewundere dich so,

weil du ein Gottgeweihter bist,
der Weisheit nicht mit Löffeln frisst,

wie man so sagt. Vor Gott getreten,
hast du sie dir von ihm erbeten.

Da waren zwei Prostituierte,
von denen keine sich genierte,

ihr nicht sehr gottgefäll'ges Leben
vor dir ganz offen zuzugeben.

Die eine rief ganz außer sich:
„O großer König, höre mich!

Wir beide sind in einem Haus,
da geh'n die Männer ein und aus.

Nun kam's, dass ich ein Kind gebar.
Ich weiß nicht, wer der Vater war.

Und wie es so der Zufall wollte –
drei Tage später nur, da sollte

die dümmste aller dummen Ziegen
auf einmal auch ein Söhnchen kriegen.

Na gut, da muss man nicht viel können.
Ich will ihr auch ihr Baby gönnen –

doch niemals gönne ich ihr meins!"
Die andre schrie: „Es ist nicht deins!",

dass sich die Stimme überschlug.
Das Kind, das auf dem Arm sie trug,

begann zu weinen, sehr erschreckt.
„Still! Ich verlange mehr Respekt!",

so sagtest du. „Gemach, gemach!
Berichtet mir der Reihe nach!"

„Du weißt ja, König Salomon:
Es wünscht sich jede einen Sohn.

Speziell in unserem Gewerbe
ist hochwillkommen so ein Erbe,

bei dem man, wenn die Schönheit schwindet,
im Alter noch Versorgung findet!"

„Ich weiß, ich weiß! Nun komm zur Sache!"
„Wir wohnen unter einem Dache

und nehmen mangels einer Wiege
die Kinder mit auf uns're Liege."

„Die blöde Kuh – die ist verrückt! –
sie hat ihr Kind im Schlaf erdrückt!

Als sie das merkte, morgens früh,
stand leis' sie auf, dann legte sie

ihr totes Kind zu mir aufs Kissen,
hat unter'n Nagel sich gerissen

mein Kind, das süße, kleine Wesen,
als sei es immer ihr's gewesen."

Da schrie die andre: „Unerhört!
Es war gerade umgekehrt!"

„Wer Recht hat, lässt sich nicht entscheiden",
sprachst du. „Wir woll'n das Kind zerschneiden.

Damit die zwei zufrieden sind,
gebt jeder Frau ein halbes Kind!"

Die eine schrie: „So soll es sein!"
Die andre aber: „Halt! O nein!

Eh ihr es tötet", rief sie bebend,
„gebt es der andern lieber lebend!"

Du lächeltest und sprachst Gericht:
„Weil so nur eine Mutter spricht,

hat diese Frau gerad mit diesen
spontanen Worten Recht bewiesen.

Gebt ihr das Kind, weil's ihr gehört!"
Ja, du fand'st Recht auch ohne Schwert.

Und deine Weisheit sprach sich rum.
Es mehrte sich dein Eigentum.

Es wuchsen Tempel und Paläste.
Von ferne kamen hohe Gäste,

zum Beispiel Sabas Königin –
sie sah den Glanz und schmolz dahin.

Apropos schmolz – du ließest graben
nach Kupfer, Zinn und solchen Gaben

für Waffen großer Festigkeit –
es war gerade Bronzezeit.

Auch hab'n Phönizier-Gastarbeiter
– die waren darin schon viel weiter –

manch Schiff gebaut und auch bemannt.
Sie segelten in fernes Land

und kehrten mit viel Gold zurück.
Gewaltig war dein Ruhm und Glück!

Doch fällt bei allem Schulterklopfen
in deinen Ruhm ein Wermutstropfen:

Dein Harem hatte tausend Damen,
die meist aus fremden Ländern kamen.

Hätt' da nicht eine auch gereicht?
Bald war dein Glaube aufgeweicht.

Verfallen bist du ihnen, hast
dich ihrem Denken angepasst.

Dein Glaube starb dabei ganz leise …
Das, Salomo, war gar nicht weise.

1. Könige 3

Elia

Elia, ach, du leidest sehr.
Denn ein Prophet, der hat es schwer:

Das Volk erweist sich immerfort
desint'ressiert an Gottes Wort.

Auch Ahab, momentan der König,
ihn int'ressiert das herzlich wenig.

Und seine Gattin Isebel
verführt das ganze Israel,

Jachwe den Rücken zuzukehren,
stattdessen den Gott Baal zu ehren.

Der Götzendienst kann sich entfalten.
Und die noch Gott die Treue halten

lässt Ahab mit dem Schwerte richten,
wenn sie nicht leugnen oder flüchten.

Du sprachst zu Ahab im Palast:
„Hör zu! Weil du gesündigt hast

und dieses Volk, so soll euch allen
nun jahrelang kein Regen fallen!

Als Strafe trifft euch diese Plage
so lang, bis ich was andres sage."

Eh' Ahab sich noch recht bedacht,
hast du dich aus dem Staub gemacht.

Die Sonne brannte glühend heiß,
und von der Stirne rann der Schweiß.

Die Quellen überall versiegten,
so dass sie kaum zu trinken kriegten.

Die Tiere, die kein Wasser hatten,
die lagen sterbend nur im Schatten.

Und, was die Not noch mehr verschlimmert,
das Korn war auf dem Feld verkümmert,

so dass zum Durst der Hunger kam,
der manchem schon das Leben nahm.

Die Isebel rief angesichts
der Not Gott Baal, doch der tat nichts.

Und Ahab konnte nur noch fluchen
und ohnmächtig den Schatten suchen.

So ging das Elend knapp drei Jahre.
Und du? Gott hat auf wunderbare

und göttlich einzigart'ge Weise
dich durchgebracht auf einer Reise.

Erst brachten Brot dir lauter Raben –
wer weiß, woher die so was haben!

Dann bist du treu verköstigt worden
von einer Witwe, mehr im Norden,

die zu 'nem fremden Volk gehörte
und deren Ölkrug nie sich leerte,

wieviel man auch herausgegossen –
es ist stets Neues nachgeflossen.

So ging's, trotz reichlichem Verbrauch,
dann mit dem Mehl im Kasten auch.

Und so verging die Zeit dir schnell.
Gott sprach: „Nun geh nach Israel!"

Du gingst direkt zu König Ahab.
Der schrie: „Dass ich dich endlich da hab'!

Dass du dich blicken lässt bei Hofe!
Durch dich kam doch die Katastrophe!"

Da sagtest du: „Warum der Hass?
Ich glaube, du verwechselst das!

Ich hab's Gericht, weil ihr gesündigt,
doch nicht gemacht, nur angekündigt!

Komm du mit allen Baalsanbetern
und allen wicht'gen Volksvertretern

zum Karmel, nach drei Tagen Frist!
Da seh'n wir, wer Gott wirklich ist."

Hoch auf dem Berge Karmel war
seit alter Zeit ein Steinaltar.

Vierhundertfünfzig Baalspropheten
sah man auf eine Seite treten

und auf die and're du allein.
Nun kamt ihr alle überein:

Ein jeder solle wegen Regen
auf den Altar ein Opfer legen,

doch ohne dieses anzuzünden.
Was dann geschehe, würd' sich finden.

So suchten nun die Baalspropheten
mit Selbstkasteiung und mit Beten,

Baal mög' das Opfer, das sie brachten,
doch bitte länger nicht verachten.

Als nichts geschah, trotz viel Geschreie,
da kamst du endlich an die Reihe.

Du ließest holen sehr viel Wasser
und machtest alles nass und nasser.

Das Opfer triefte ungeheuer,
und dann – du batest Gott um Feuer.

Da brannten Opferfleisch, Gebeine
und am Altar sogar die Steine.

Welch ein Triumph für dich! Doch leider –
der Götzendienst ging trotzdem weiter.

Nur eins war danach doch ein Segen:
Du batest Gott – der schickte Regen.

1. Könige 18

Ahab

Ach, Ahab, hast du nichts gelernt?
Wenn einer sich von Gott entfernt

und gar noch fremden Göttern huldigt,
wenn der sich nicht bei Gott entschuldigt

und schlägt nun neue Wege ein,
dann bleibt er unter Gottes „Nein".

Bei dir blieb alles so wie immer.
Und schließlich kam's sogar noch schlimmer!

Bei Jesreel hattest du ein Schloss.
Der Park darum war schon recht groß.

Du fand'st ihn aber noch zu klein,
er sollte noch viel größer sein.

Nun lag ein Weinberg gleich daneben.
„Na gut, dann kaufe ich den eben."

Und siegessicher bot'st du dies
dem Eigner an, der Nabot hieß.

„Nabot, verkauf mir das Gelände
für gutes Geld, bar auf die Hände!

Mit Tauschen wär ich auch zufrieden.
Ich hab' da einen Hang nach Süden

mit gutem Boden, sanfter Schräge,
der bringt noch bessere Erträge."

Doch Nabot sprach: „Dies ist mein Erbe,
das niemand kriegt, bis ich mal sterbe.

Ich will gern weiter Trauben keltern
im Weinberg meiner Urgroßeltern."

Da warst du, Ahab, tief verletzt,
gingst heim, hast dich ins Eck gesetzt,

wollt'st niemand sehen, gar nichts essen,
und deine Wut stieg unermessen,

warst sauer und hast sehr geschmollt,
weil du nicht kriegst, was du gewollt.

Da fragt Isebel, deine liebe
Gemahlin, wo dein Frohsinn bliebe.

Du sagtest's ihr. Mit gift'gem Lachen
sprach sie: „Sei still! Lass mich nur machen!"

Hier, Ahab nun, bei allem Schmollen,
hätt'st du hellhörig werden sollen!

„Na ja", hast du gedacht – „mal warten,
dass sie beschafft mir diesen Garten."

Und Isebel, das fiese Weib,
beschloss, dass sie statt Ahab schreib,

nahm dein Papyrus, deinen Stift,
und fälschte deine Unterschrift.

An Räte, Richter, Bürgermeister
schrieb sie: „Ein Bürger, Nabot heißt er,

den sollt ihr, ohne viel zu fragen,
der Gotteslästerung verklagen.

Den König hat er auch beleidigt.
Schnappt Nabot! Wenn er sich verteidigt,

bestecht zwei Zeugen! Jeder schwört,
er habe eben dies gehört.

Zwar wisst ihr's, doch ich sag's nochmal:
Zur Besserung der Volksmoral,

zur ethisch-klaren Reinigung,
gilt: Darauf steht die Steinigung!

Bald ist der Kerl nicht mehr vorhanden!
Ich denk' wir haben uns verstanden!"

Man steinigte den armen Mann.
Und, Ahab, was hast du getan?

Sein Erbe fiel dem König zu.
Und recht zufrieden warest du,

das Land mit dieser sehr bequemen
Methode in Besitz zu nehmen.

So gingst du, ein gekrönter Fiesling,
durch Spätburgunder oder Riesling,

und freutest dich – und plötzlich steht
vor dir Elia, der Prophet.

Der sagte: „Höre, was Gott spricht:
Was du getan, gefällt mir nicht!

Ich bringe Unglück, Angst und Sterben
drum über dich und deine Erben.

Ausrotten will ich dein Geschlecht.
Für Isebel gilt das erst recht:

Weil ihr die fremden Götter hattet,
stirbt sie in Schande, unbestattet,

und Hunde soll'n in jenen Tagen
das Fleisch von ihren Knochen nagen."

Die Botschaft ging dir an die Nieren,
begann dich sehr zu deprimieren.

Nun wolltest du dein Leben ändern,
trennt'st dich von deinen Festgewändern

und trugst nur einen Lendenschurz
aus Wolle – billig, dreckig, kurz.

Durch Fasten wolltest du und Schweigen
ganz deutlich deine Reue zeigen.

Elia sprach, von Gott geführt:
„Der Herr bleibt niemals ungerührt,

wenn wer zur Buße ist bereit.
Drum gibt er dir noch etwas Zeit."

1. Könige 21

Naaman

Hatt' Syriens König Sorgen, dann
rief er gleich dich, den Naaman.

Konnt' er schlecht stehen oder sitzen,
musst' er auf deinen Arm sich stützen.

War er um einen Rat verlegen,
so fragt' er seinen Chefstrategen,

den Krieger, groß und muskulös.
Doch leider warst du auch – leprös.

Du littest an dem Schicksal schwer.
Du hattest damals als au pair

– als Sklavin, ganz genau genommen –
ein Mädchen, das zu euch gekommen

als Beute bei 'nem Überfall
auf Israel, beim letzten Mal.

„Wärst du", sprach es, „mit deinen Nöten
in Israel bei dem Propheten,

– wär' deine Haut auch noch so wund –
der machte dich im Nu gesund."

Das Wort in dir die Hoffnung nährte.
Du gingst zum König. Als der hörte,

es wär' ne Heilungschance da,
sprach er: „Zieh nach Samaria!

Ich schreibe meinem Amtskollegen,
er soll sofort gesund dich pflegen."

So zogst du zu dem fernen Orte
mit einer Militär-Eskorte,

zehn Säcken Silber – dieses war
gedacht als Ärztehonorar,

das zur Bezahlung dienen sollt' –
und noch sechstausend Stücken Gold.

Dort in Samaria angelangt
hast du für den Empfang gedankt,

den Brief dem König überreicht –
und dann geseh'n, wie er erbleicht.

Man bracht' euch in die Gästesuite.
Der König aber schrie: „Man sieht,

wie dieser syrische Tyrann
mich provoziert, wo er nur kann!

Der sucht durch seinen Feldmarschall
nur Grund für einen Überfall."

Das hörtest du nun freilich nicht.
Man wahrte höflich das Gesicht,

wie es ja unter Diplomaten
gebräuchlich ist, und auch geraten.

Man lotste dich mit deinem Tross
weg von dem königlichen Schloss

zu einer schlichten, kleinen Hütte.
„Hier bist du recht mit deiner Bitte!

Wenn einer helfen kann, dann er!"
Seltsamerweise warf nun der

gar keinen Blick auf die Geschwüre!
Er trat noch nicht mal vor die Türe!

Kein Staatsempfang, kein Händereichen,
kein Zauberspruch, kein Salbenstreichen!

Elisa schickt, als Boten quasi,
nur seinen Diener, den Gehasi.

Der warf sich auch nicht dir zu Füßen.
Sprach nur: „Elisa lässt dich grüßen.

Soll deine Krankeit wieder heilen,
so solltest du zum Jordan eilen,

und tauche siebenmal drin unter!"
Du riefst: „Das wird ja immer bunter!

Weiß der Elisa, wer ich bin?
Was hat das Baden für 'nen Sinn?

Ach, wär ich gar nicht hergekommen
und nur in unserm Fluss geschwommen!"

Kehrt machtest du, um zornentbrannt
zu reisen in dein Heimatland.

Doch ein paar Diener, Sekretäre,
die sagten: „Gnäd'ger Herr, was wäre,

wenn der Prophet ganz große Dinge
gefordert hätte, statt geringe?

Du hättest es bestimmt getan!
Und nun, verehrter Naaman,

versuche es doch mal mit Baden!
Zumindest kann es dir nicht schaden."

So wuschst du dich, der General,
im Jordanwasser, siebenmal.

Und als du kamst herausgestiegen,
sah'n sie dich neue Glieder kriegen,

und fleckenfreie Haut, wie Knaben
sie nur in ihrer Jugend haben!

Begeistert sprangst du auf dein Ross,
rittst zu Elisa mit dem Tross

und danktest diesem Gottesmann,
und botst ihm auch Geschenke an,

sprachst, als der alles abgelehnt:
„Bin nicht an deinen Gott gewöhnt.

Doch will ich künftig auf ihn hören
und ihn mit meinen Opfern ehren."

2. Könige 5

Hiskia

Hiskia! Einen Augenblick!
Gestatte mir etwas Kritik!

Doch nein, vorm kritisch Hinterfragen
soll man was Positives sagen.

Nicht nur, weil man das tut als Christ,
auch weil's durchaus berechtigt ist.

Es ist aus deinen frühen Tagen
dir sehr viel Gutes nachzusagen.

Zum Beispiel hast du Götterzeichen,
Ascherabilder und dergleichen,

die rings im Land auf Judas Höhen
verführerisch als Götzen stehen

bereits seit König Jorams Tagen,
herausgerissen und zerschlagen.

Auch gab es noch die Kupferschlange
auf einer langen, hohen Stange,

die Mose damals aufgestellt,
dass, die vom Schlangenbiss gequält,

geheilt war'n, wenn sie auf sie sah'n.
Man nannte sie jetzt Nehuschtan,

und hat sie wie ein Gott verehrt.
Du fandest es ganz unerhört,

dass man da Opfer abgebrannt,
dass auf 'nen toten Gegenstand

statt auf Gott selbst das Lob sich richtet.
Du hast die Schlange ganz vernichtet.

Du hast den Tempel auch erneuert
und alles Götzenwerk gefeuert.

Auch war im Volke fast vergessen
das gottgegeb'ne Passah-Essen.

Du hast, weil Gott dein Herz berührt,
es damals wieder eingeführt.

Du warst, Hiskia, in dem allen
ein Mann zu Gottes Wohlgefallen.

Dann – hab' ich in der Schrift gelesen –
bist du ganz wunderbar genesen,

wie du es gar so gerne wolltest,
als eigentlich du sterben solltest.

Du hast geweint, Gott angefleht.
Da kam Jesaja, der Prophet,

zu dir in deinen Prachtpalast
und sprach: „Weil du gebetet hast,

gibt Gott, der Große, Unsichtbare,
dir doch noch weit're fünfzehn Jahre."

Du warst natürlich hocherfreut!
Doch die geschenkte Lebenszeit

hast du dann wohl nicht so verbracht,
wie Gott wahrscheinlich sich's gedacht.

Dein Herz, das hat sich überhoben.
So steht es da. Statt Gott zu loben,

der gab, dass du nicht früh verblichen,
hast du das Lob selbst eingestrichen.

Doch traf des Herren Strafgericht
erst deine Söhne, dich noch nicht.

Jesaja, als er das erwähnte:
„Gott schenkt dir anderthalb Jahrzehnte!",

und legt' ein Pflaster auf von Feigen,
sprach auch dazu: „Gott will dir zeigen

mit einem Wunder, dass es stimmt,
dass er dir nicht das Leben nimmt.

Siehst du die alte Sonnenuhr?
Ein Stab auf einer Hauswand nur:

Der Schatten dreht die halbe Runde
am Tag und zeigt dabei die Stunde.

Nun wähl'! Du kannst es dir bestellen;
soll dieser Schatten vorwärts schnellen,

als ob die Stunden rasch vergingen?
Soll er am Ende rückwärts springen?"

Da sagtest du: „Er soll zurück!
Ein Tag in einem Augenblick!

Nach vorne geht er ja recht häufig,
doch ziemlich selten gegenläufig!"

So kam's dann auch. Du konnt'st dich freu'n
und deines Lebens sicher sein.

Was da zurückging, war ja nur
der Schatten auf der Sonnenuhr.

Die Zeit an sich, das kannst du glauben,
ist niemals mehr zurückzuschrauben.

„Man müsste noch mal zwanzig sein" –
das geht nicht! Bilde dir nichts ein!

Du lebtest nur zurückgewandt,
statt vorzugeh'n an Gottes Hand!

Du spieltest lauter infantile
unwürd'ge Selbsterhöhungsspiele.

Und solltest in den fünfzehn Jahren
doch wachsen, reifen, Gott erfahren!

Er mache mich dazu bereit,
dass auf den letzten Abschnitt Zeit,

den er mich noch am Leben hält,
am Schluss nicht noch ein Schatten fällt.

2. Könige 20 / 2. Chronik 32

Jeremia

Da bist du, Jeremia, jetzt
doch ganz außer Gefecht gesetzt

in einer trockenen Zisterne!
Siehst über dir nur nachts die Sterne

und tags ein Stück vom Himmelsblau,
rings um dich Schlamm, schwarz, grün und grau,

durch den die Fadenwürmer kriechen.
Beginnst selbst wie der Schlamm zu riechen,

von dem die üblen Fäulnisgase
dir steigen beißend in die Nase.

Nachts frierst du hier in diesem Loch.
Doch kaum steigt dann die Sonne hoch,

da staut sich hier die Sonnenglut.
Das fördert dann die Mückenbrut.

Du hungerst tags wie in der Nacht,
denn niemand hat dir was gebracht.

Du bist in diesen wen'gen Wochen
schon abgemagert auf die Knochen.

Kein Wunder, dass dein Magen leer –
die andern haben auch nichts mehr.

Jerusalem, die schöne Stadt,
die sonst ja alle Fülle hat,

wird hart belagert, wurd' zur Falle,
denn Brot und Fleisch sind ziemlich alle.

Der letzte Rest der Vorratshaltung
ist nur für König und Verwaltung

und für die Kämpfer auf den Zinnen,
dass die doch noch den Krieg gewinnen.

Du weißt ja längst: Dazu kommt's nie!
Denn schon seit Jahren warnst du sie:

Ihr solltet euch den Feinden stellen,
den Babyloniern vor den Wällen,

und in Gefangenschaft begeben!
Dann bleibt ihr wenigstens am Leben.

Wer meint, verteidigen zu müssen,
wird das mit seinem Tode büßen.

Seit Jahren nutztest du schon jede
Gelegenheit für diese Rede:

„Weil ihr von Gott euch abgewandt,
gibt er euch Babel in die Hand!"

Das hat dich auch hierher gebracht,
da man sich nicht grad Freunde macht,

wenn man stets mahnt und schweigt nie still
und ruft, was keiner hören will.

Weil Militärs es selten schätzen,
wenn man die Wehrkraft will zersetzen.

Nur einer schätzte dich, den Mahner,
und dieser war ein Afrikaner.

Dem Mann, der Ebed-Melech hieß,
dein Schicksal keine Ruhe ließ.

Denn erstens, dacht er, ist doch klar:
Was Gott spricht, bleibt auch dann noch wahr,

wenn man den Boten bringt zum Schweigen.
Das wird sich noch erschreckend zeigen.

Und zweitens tatest du ihm Leid.
So war er schließlich auch bereit,

mit Mut zu sagen klipp und klar,
was seine Überzeugung war.

Der König saß gerad am Tor,
da trat zu ihm der fromme Mohr.

„Der König mög' sein Ohr mir leihen!
Das Unrecht muss zum Himmel schreien:

Der Gottesmann sitzt immer noch
in diesem mörderischen Loch!

Weil er nur Gottes Worte spricht –
und die gefallen manchen nicht!

Was ist der Grund? Ich frag: Warum?
Da unten kommt er nämlich um!"

Der König war durchaus nicht gütig,
doch war er ziemlich wankelmütig

und gab meist dessen Wünschen nach,
der grad als Letzter zu ihm sprach.

In diesem Fall war das ein Segen:
„Hol' ihn nach oben, meinetwegen!"

Der Mohr lief schnell, sich ein paar Lumpen
aus seines Königs Schrank zu pumpen.

Die warf er dann zu dir hinab.
„So polstere die Arme ab!

Hier kommt ein starkes Seil, das musst
du knoten dir um deine Brust!"

Man zog dich hoch. Und schließlich stand
ein hag'rer Mann am Brunnenrand –

zwar äußerlich nur Haut und Knochen,
doch innerlich ganz ungebrochen.

Bleibt zu ergänzen, eh wir schließen:
Bald kam das große Blutvergießen.

Wie es das Gotteswort verhieß:
Fast jedermann sein Leben ließ.

Du, Jeremia, warst noch da –
und jener Mann aus Afrika.

Jeremia 38

Schadrach

Du, Schadrach, mit den zwei Gefährten,
die sich im Glauben wohl bewährten,

du trugst zum Schluss den Sieg davon
beim Herrscher über Babylon.

Der hat auf einem weiten Feld
ein Riesen-Standbild aufgestellt.

Ein Götze. Doch man sagt, er trüge
Nebukadnezars eigne Züge.

Das Ding war höher als ein Haus
und sah auch ziemlich prächtig aus:

Mit echtem Goldblech – ungelogen! –
von Kopf bis Füßen überzogen.

Nun ging in sämtliche Provinzen
der Ruf des Königs: Alle Prinzen,

die Fürsten und die Mächtigen,
die Schönen und die Prächtigen,

die wichtigen Provinzstatthalter,
die königlichen Schlossverwalter,

die Staatsanwälte und die Richter,
die Philosophen und die Dichter,

die Würdenträger, Präsidenten,
die Großen und die Prominenten,

die Künstler und die klugen Geister,
die Handwerks- und die Bürgermeister,

die Reichen und die Einflussreichen
von Häuptlingen bis zu den Scheichen,

kurz: Alles was in Land und Stadt
nur irgend Rang und Namen hat,

dass die hierher zu bringen seien,
das goldne Standbild einzuweihen.

Zum Massentreff, des Standbilds wegen,
kamst du auch, Schadrach, mit Kollegen.

Denn irgendwie gehörtest du
mit den zwei Freunden auch dazu.

Nun rief ein Herold überlaut:
„Wenn man hier auf die Pauke haut,

wenn die Posaunen und Trompeten,
wenn Harfen, Zittern, Lauten, Flöten,

wenn das Orchester laut erklingt,
will ich, dass jeder niedersinkt,

ihr alle hier auf dem Gefilde,
aus Ehrerbietung vor dem Bilde.

Wer stehenbleibt, wird kurzerhand
im Schmelzhochofen dort verbrannt."

Und kaum war der Befehl ergangen,
hat schon die Musik angefangen.

Die Leute fielen wie gemäht.
Nur einzig ihr drei Freunde steht.

Die Bläser blasen, Streicher streichen,
ihr aber steht da wie drei Eichen.

Die andern alle liegen flach.
O Schadrach, das gibt Ungemach!

Gleich schleppte man euch vor den Thron.
„Ich lass euch eure Religion",

der große Herrscher wütend schrie,
„geht vor dem Bild ihr in die Knie.

Ich will euch noch 'ne Chance geben.
Wenn gleich ihr kniet, bleibt ihr am Leben.

Wenn nicht, dann wird der Henker tätig."
„Der zweite Test ist gar nicht nötig,

weil Gott den Götzendienst verbot.
Das gilt auch, wenn der Tod uns droht

und wenn wir hundert Chancen hätten!
Wenn Gott will, kann er uns erretten.

Wenn nicht – nun gut, dann sei's gewagt!
Wir tuen doch, was er uns sagt."

Klar, euer treuer Glaubensmut,
der brachte ihn noch mehr in Wut.

Und er befahl mit Racheschwüren,
den Ofen extra heiß zu schüren.

Elitekrieger banden euch
zu festen Bündeln, Mumien gleich,

um euch die langen hohen Treppen
zum Ofenloch hinaufzuschleppen.

Dort sanken sie gleich tot zusammen,
verbrannt von himmelhohen Flammen.

Nebukadnezar hat entzückt
ins unt're Feuerloch geblickt.

Ihr wärt, so hat er angenommen,
als Asche unten angekommen.

Doch da ertönt ein Schreckensschrei:
„Die Männer – waren es nicht drei?

Ich sehe aber sie zu vieren
dort in der Glut herumspazieren.

Und sie sind völlig unbeschädigt!
Ein Engel auch! Ich bin erledigt!

Kommt raus, ihr dreie, Mann für Mann!
Verzeiht, was ich euch angetan!

Der euch von meinem Zorn erlöste,
der Gott ist wohl der Allergrößte!"

Daniel 3

Nebukadnezar

Nebukadnezar, zürne nicht!
Ich flechte mal in mein Gedicht

jetzt deine Wahnsinns-Story ein.
Es wird dir sicher peinlich sein.

Doch hast du es ja selbst verbreitet,
dass, wer die Grenze überschreitet,

sich fast für Gott persönlich hält,
dass der dann umso tiefer fällt.

Doch wer zu Gott lenkt seinen Blick,
der findet auch den Weg zurück.

Dir war das große Werk gelungen:
Die Nachbarvölker war'n bezwungen,

fast alles, was noch übrig bleibt,
war deinem Reiche einverleibt.

Das riesige und starke Babel
war sozusagen nun der Nabel

der Welt. Stolz aufgebaut vom Zehnten
aus unterworf'nen Kontinenten.

Du warst nun der allein'ge Herr,
Großkönig, Feldmarschall und mehr.

Die Macht weit über Meer und Land,
vereint in einer einz'gen Hand.

Kein Wunder, dass der Herr der Welt
sich selbst für Gott auf Erden hält.

Es haben Kaiser und Despoten
stets schon sich darin überboten,

sehr viele Steine aufzuschichten
und große Bauten zu errichten.

Sind sie schon sterblich, soll'n die Mauern
Jahrtausende doch überdauern,

und denen, die sie später finden,
von ihrer Macht und Größe künden.

Das war's, was du empfunden hast,
als auf dem Dach von dem Palast

du gingst spazier'n, und runter schautest
auf all die Pracht, die du erbautest.

Der hohe Turm konnt' dich entzücken,
dazu die vielen Euphratbrücken,

Paläste, Schlösser, Pferdeställe,
und rundherum die dicken Wälle,

breit, dass bequem ein Rossgespann
auf seiner Krone fahren kann.

Gleich doppelt dieser Mauerkranz –
welch eine Stadt! Und welch ein Glanz!

„Dies alles ist mein Eigentum!
Ich hab's gebaut zu meinem Ruhm!

Ich bin der Größte! Wer will Ehren
und Macht und Lobpreis mir verwehren!"

Du schriest. Doch schien's den andern allen,
als sei dein Rufen nur ein Lallen.

Die Diener und die Sekretäre
erschraken, was denn das wohl wäre.

Sie sah'n dein unstet-wirres Gucken,
unkontrolliertes Gliederzucken.

Dein Rufen, Gurgeln wurde endlich
für alle völlig unverständlich.

Entsetzt sah'n all' die vielen Leute:
Du warst des Wahnsinns fette Beute.

Wie Mediziner und Doktoren
dir nun in Geist und Seele bohren,

sich müh'n, dich wieder hinzukriegen,
wird im Bericht diskret verschwiegen.

Gerüchte aber gab's, wie diese:
Du grastest hinten auf der Wiese.

Statt Wein trankst du die Euphratbrühe,
statt Braten nahmst du Gras wie Kühe,

und mampftest statt aus gold'nen Kesseln,
nur mit den Zähnen Klee und Nesseln.

Du trugst nur ein zerrissnes Hemd,
das Haar wuchs lang, ganz ungekämmt,

die Nägel an den Fingern allen,
die waren lang wie Vogelkrallen,

du lagst im Dreck und hast gestunken!
O nein, wie tief warst du gesunken!

Doch dann aus Gnade – welch ein Glück! –
gab Gott dir den Verstand zurück.

Er prüfte dich. Es war ein Test,
ob du dich wieder blenden lässt

von eig'ner Größe, eig'ner Macht.
Ob du zur Einsicht warst gebracht?

Das warst du wohl. Du hast erkannt
mit neu verliehenem Verstand:

„Wer bin ich schon! Was ist ein König!
Vor Gott ist jeder klein und wenig.

Gott ist der Spieler, wir sind nur
wie eine schlichte Schachfigur,

die er nach seinem eignen Plan
in dieser Welt verschieben kann.

So hat er mich auch matt gesetzt.
Er ist der Herr! Das weiß ich jetzt!"

Daniel 4

Belsazar

Es war, Belsazar, solch ein Fest,
wie sich's nicht überbieten lässt.

Wie Hochzeit, Jubiläumstag
und was man sonst noch feiern mag,

auf einen einz'gen Tag gelegt.
Die Diener brachten unentwegt

die feinsten aller Hochgenüsse.
Hinabgespült durch wahre Flüsse

von Wein, die aus den goldnen Kannen
und Bechern durch die Kehlen rannen.

Rund tausend ausgewählte Leute –
wer immer deiner Gunst sich freute:

Verwalter, die sich schon bewährten,
Gespielinnen und Kampfgefährten,

die willigen Befehlsvollstrecker,
die königlichen Stiefellecker.

Hier labt sich die Beamtengruppe
an köstlicher Kamelschwanzsuppe.

Dort sieht man einige Mätressen
beim Tratschen und Kaninchenessen.

Und da verschlingen bergeweise
zwei Königstanten Honigspeise.

Ein Hofmarschall verspeist mit Lust
gebratene Fasanenbrust.

Majore machen sich's gemütlich
und tun am edlen Wein sich gütlich.

Was feiert ihr? Warum der Trubel?
Gibt's einen Grund für diesen Jubel?

Im Gegenteil! In diesem Saal
nimmt mancher grad sein Henkersmahl.

Denn während ihr hier drin zumeist
nur fresst und sauft und Witze reißt

und gröhlt und euch vor Lachen kringelt,
ist eure Stadt vom Feind umzingelt!

Die Perser und die Meder lauern
gefährlich draußen vor den Mauern.

Traust du, Belsazar, auf die Wälle,
fühlst sicher dich für alle Fälle?

Ahnst du vielleicht den Sieg der Feinde
und sammelst deine Fan-Gemeinde,

um so mit Wein, Weib und Gesängen
die Angst im Herzen zu verdrängen?

Wie dem auch sei – du, König, gibst
ein Fest, und alle sind beschwipst.

Du schriest: „Bringt mir die Becher, welche
mein Vater raubte, und die Kelche

und all den andern goldnen Krempel
aus dem Jerusalemer Tempel!"

Man brachte es und goss dir Wein
in einen heil'gen Becher ein.

Du trankst in einem Zug ihn leer,
als wenn das nichts Besondres wär,

und alle taten es dir gleich.
Da sahst du plötzlich, schreckensbleich,

wie eine unsichtbare Hand
schrieb gegenüber an die Wand.

Ein „Mene tekel u-parsin"
als Schrift auf weißem Grund erschien.

Der Schreck, die Angst und das Erschüttern
ließ Knie schlottern, Beine zittern,

und alle blickten wie gebannt
auf diese Botschaft an der Wand.

„Was ist das für ein Geist gewesen?",
so schriest du laut. „Wer kann das lesen?

Schickt schnell nach allen klugen Leuten!
Sie sollten kommen und es deuten!"

Als all die Weisen endlich kamen,
in Augenschein die Zeichen nahmen

– Mund staunend offen, Augen groß –,
war klar: Auch die sind ahnungslos.

Da sagte deine Mutter: „Schnell,
ruf den Gelehrten Daniel!

Dein Vater hat von diesem Alten
schon seinerzeit sehr viel gehalten!"

Er kam. „Ich habe sagen hören",
sprachst du, „du könntest das erklären.

Stimmt das, dann mach ich dich sogleich
zum dritten Mann in meinem Reich!"

Er sprach: „Ich brauch kein Honorar!
Was ich dir sag', ist trotzdem wahr.

Das ‚Mene' heißt ganz ohne Frage:
‚gezählt' sind deine Erdentage.

Und ‚tekel' heißt: Was du erreicht,
das ist ‚gewogen' und zu leicht.

‚U-parsin' heißt – das sollst du wissen –
dein Königreich wird nun ‚zerrissen'.

Die Perser und die Meder werden
ab jetzt die größte Macht auf Erden."

Du wurdest, wie es Gott versprochen,
noch in derselben Nacht erstochen.

Daniel 5

Daniel

Ja, Daniel, so ist es leider:
Wer den Erfolg hat, hat auch Neider.

Nun, die Erfahrung macht wohl jeder.
Bei König Darius, dem Meder,

warst du – trotz fortgeschritt'nem Alter –
der höchste Generalverwalter.

Doch andre suchten, Neid im Herzen,
dich nun beim König anzuschwärzen.

Sie suchten lang zu diesen Zwecken.
Es hat doch jeder Dreck am Stecken!

Es gibt doch keinen ohne Sünden!
Wer gründlich sucht, wird auch was finden!

Doch nichts war! Keine Halbweltdame,
Betrug nicht, keine Vorteilsnahme,

auch nicht der winzigste Skandal!
Na, so was ist doch nicht normal!

Nun gut, hat Daniel wirklich keine
Verfehlung, konstruier'n wir eine!

Sie beugten vor dem Herrscher sich:
„Der König lebe ewiglich!

Ach, welch ein Vorrecht ist's auf Erden,
von Darius regiert zu werden!

So klar ist leider das nicht allen.
Drum sind wir auf den Plan verfallen,

du mögest ein Gesetz erlassen –
wir könnten es für dich verfassen –,

wo jedem wird das Recht bestritten,
von irgendjemand was zu bitten.

Dir ganz allein in dreißig Tagen
mag seine Bitten man vortragen.

Denn so erkennt der Dümmste gleich:
Nur durch den König sind wir reich.

Gesetz der Perser und der Meder
ist unauflöslich – das weiß jeder.

Und übertritt's ein böser Bube,
so kommt er in die Löwengrube.“

Darius fühlte sich geschmeichelt
wie jeder, dessen Ich gestreichelt.

Durchschaute nicht ihr übles Treiben.
„Macht nur! Ich werde unterschreiben!"

Du hatt'st zur Regel dir erhoben,
dreimal am Tage Gott zu loben.

Du sankst dabei auf deine Knie,
und das bei offner Jalousie

am Fenster nach Jerusalem.
Die Feinde konnten ganz bequem

von unten seh'n, wie du mit Beten
des Königs Regel übertreten.

Du ahntest bei der Regel zwar,
dass sie für dich geschmiedet war.

Doch hast du nicht klein beigegeben.
„Wenn's sein muss, nehmt mir halt das Leben!

Doch meinen Gott müsst ihr mir lassen!
Nicht beten? Könnte euch so passen!

Was wäre denn ein Glaube wert,
der sich in Krisen nicht bewährt?

Ich tu für Darius meine Pflicht,
doch über Gott steht er mir nicht!"

Der König hat dich wohl geliebt
und war darum auch sehr betrübt,

als ihm die Neider hinterbrachten,
du würdest sein Gebot missachten.

Trotz der Intrige, Neid und Tücke,
sucht' Darius 'ne Gesetzeslücke.

Doch das Gesetz war wasserdicht.
„Ach, Daniel, das wollt' ich nicht!

Wir müssen das Gesetz erfüllen."
Da unten schon die Löwen brüllen,

die – das ist Absicht – dort im Graben
schon lange nichts gefressen haben.

„Ach, Daniel, schwer ist mein Herz!
Vielleicht geht's schnell und ohne Schmerz!"

So warf man dich hinunter schließlich.
Die Löwen – gar nicht sehr verdrießlich –

begrüßten dich mit sanftem Schnurren,
statt laut zu brüllen und zu knurren.

Ihr ganzer Hunger schien verflogen.
Die Krallen waren eingezogen,

und mit den sammetweichen Tatzen,
da streicheln sie wie Schmusekatzen.

So hast du still die Nacht verbracht.
Am nächsten Morgen um halb acht

guckt Darius, noch im Nachtgewand,
voll Sorge über'n Grubenrand.

„O Daniel, du lebst ja noch!
Schnell, Knechte, zieht den Ärmsten hoch!

Und werft dafür die Neider rein!
Mich und die Löwen wird es freu'n.

Und betet Daniels Gott mit an,
der so ein Wunder hat getan!"

Daniel 6

Jona

Du, Jona, müsstest es doch wissen,
dass Gottesmänner folgen müssen,

sobald ihr Herr zu ihnen spricht.
Doch diesmal wolltest du es nicht!

Gott sprach zu dir: „Auf, Jona, geh
nach Osten, zur Stadt Ninive,

um jenen Leuten dort zu sagen:
Die Stadt versinkt in vierzig Tagen!"

Die Botschaft war dir ziemlich peinlich,
auch warst du ängstlich, höchstwahrscheinlich.

Du gingst statt östlich nun nach Westen,
weit weg von Ninive am besten!

Ein Handelsschiff nahm dich an Bord,
ihr setztet Segel – und wart fort.

Vor Gott zu fliehen? Welch ein Wahn!
Denn nun erhob sich ein Orkan.

Die Segel war'n im Nu zerfetzt.
Das Ruder brach. Ihr saht entsetzt:

Es hob euch auf die Wellenkämme,
als wenn das Schiff auf Wolken schwämme,

stürzt in den Abgrund dann ganz tief.
Der Kielraum schon voll Wasser lief.

Das ganze Schiff droht' zu zerbrechen.
Du hörtest die Matrosen sprechen:

„So schlimm war es noch nie! Wir wollen
mal losen, wem die Götter grollen."

Das taten sie – das Los traf dich!
Sie mühten sich zwar fürsorglich,

den Opfertod dir zu ersparen,
weil es recht nette Heiden waren.

Doch wütete der Sturm gar sehr.
Da sprachst du: „Werft mich doch ins Meer!

Weil Gott nur meine Strafe will!"
Sie taten das – und es war still!

Gleich hatte sich der Sturm gelegt,
das Meer war völlig unbewegt,

zu Ende war das wilde Tosen
zur Überraschung der Matrosen.

Und du? Du wurdest unterdessen
von einem großen Fisch gefressen.

Zum Glück hat er dich nicht zerkaut
und nicht verschluckt und nicht verdaut.

Du fandest Platz – man glaubt es kaum –
in seinem großen Rachenraum,

und konntest so ganz gut dicht neben
der Speiseröhre überleben.

Vermutlich war es wohl ein Wal,
so dass er immer wieder mal,

wenn euer beider Luft verbraucht,
zum Atemholen aufgetaucht.

Drei Tage ging die Reise so.
Du warst zwar hungrig, aber froh,

zwar vom Geschwabbel eingezwängt,
doch seelisch frei. Denn wer bedenkt,

was Gott für Wunder kann vollbringen,
der muss zu seiner Ehre singen;

der wird nicht ängstlich, nicht apathisch.
So sangst du, wenn auch leicht asthmatisch,

nicht schön zwar, aber dafür reichlich.
Ja, unser Gott ist unvergleichlich!

Dann hast du wohl den Fisch gejuckt,
und er hat dich an Land gespuckt.

Da lagst du auf dem Strand nun, frisch
gerettet, riechend noch nach Fisch,

und fragtest leise dich: „Was nun?
Sollt ich nicht Gottes Willen tun?

Er hat mich ja zurückgebracht!"
Du hast dich auf den Weg gemacht.

Die Stadt, in die dich Gott befohlen,
die größte aller Metropolen –

es kann den Atem dir verschlagen!
Man reist quer durch in gut drei Tagen!

Hier lebte auch der mächt'ge Führer
und Oberkönig der Assyrer.

Nun predigtest du zum Entsetzen
der Leute dort auf allen Plätzen,

in Straßen und in Parkanlagen:
„Ihr alle sterbt in vierzig Tagen!

Gott hat's gesagt! Ihr werdet's seh'n:
Dies Ninive wird untergeh'n!"

Das bracht' die Leute in Erregung,
und es entstand 'ne Bußbewegung.

Die üppig sonst im Wohlstand prassten,
die zeigten Reue nun durch Fasten.

Sie alle kleideten zum Zwecke
der Buße sich in Jutesäcke.

Der König selbst saß betend still
statt auf dem goldnen Thron im Müll.

Gott hat's geseh'n und dann entschieden:
Ich lasse Ninive in Frieden.

Jona 1–4